O MELHOR DO KARATÊ — 5
Heian e Tekki

M. Nakayama

O MELHOR DO KARATÊ — 5
Heian e Tekki

Tradução
CARMEN FISCHER

Revisão Técnica
JOHANNES CARL FREIBERG NETO

EDITORA CULTRIX
São Paulo

Título original: *Best Karate 5 – Heian, Tekki*.

Copyright © 1979 Kodansha International Ltd.

Copyright da edição brasileira © 1996 Editora Pensamento-Cultrix Ltda.

1ª edição 1996 – 7ª reimpressão 2022.

Publicado mediante acordo com Kodansha International Ltd.

Todos os direitos reservados. Nenhuma parte deste livro pode ser reproduzida ou usada de qualquer forma ou por qualquer meio, eletrônico ou mecânico, inclusive fotocópias, gravações ou sistema de armazenamento em banco de dados, sem permissão por escrito exceto nos casos de trechos curtos citados em resenhas críticas ou artigos de revistas.

Direitos de tradução para a língua portuguesa adquiridos com exclusividade pela
EDITORA PENSAMENTO-CULTRIX LTDA. que se reserva a
propriedade literária desta tradução.
Rua Dr. Mário Vicente, 368 – 04270-000 – São Paulo, SP – Fone: (11) 2066-9000
http://www.editoracultrix.com.br
E-mail: atendimento@editoracultrix.com.br
Foi feito o depósito legal.

Dedicado a meu mestre
GICHIN FUNAKOSHI

SUMÁRIO

Introdução.	9
O que é o Karatê-dō.	11
Kata.	12
Significado, Pontos Importantes, Heian e Tekki	
Heian 1.	15
Pontos Importantes.	28
Heian 2.	31
Pontos Importantes.	46
Heian 3.	49
Pontos Importantes.	60
Heian 4.	63
Pontos Importantes.	74
Heian 5.	77
Pontos Importantes.	90
Tekki 1.	93
Pontos Importantes.	106
Tekki 2.	109
Pontos Importantes.	121
Tekki 3.	123
Pontos Importantes.	140
Glossário.	142

INTRODUÇÃO

A última década assistiu a uma crescente popularidade do karatê-dō em todo o mundo. Entre os que foram atraídos por ele encontram-se estudantes e professores universitários, artistas, homens de negócios e funcionários públicos. O karatê passou a ser praticado por policiais e por membros das Forças Armadas do Japão. Em muitas universidades, tornou-se disciplina obrigatória, e o número delas está aumentando a cada ano.

Com o aumento da sua popularidade, têm surgido certas interpretações e atuações desastrosas e lamentáveis. Primeiro, o karatê foi confundido com o chamado boxe de estilo chinês e sua relação com o *Te* de Okinawa, que lhe deu origem, não foi devidamente entendida. Há também pessoas que passaram a vê-lo como um mero espetáculo, no qual dois homens se atacam selvagemente, ou em que os competidores se golpeiam, como se estivessem numa espécie de luta na qual são usados os pés, ou em que um homem se exibe quebrando tijolos ou outros objetos duros com a cabeça, as mãos ou os pés.

É lamentável que o karatê seja praticado apenas como uma técnica de luta. As técnicas básicas foram desenvolvidas e aperfeiçoadas através de longos anos de estudo e de prática; mas, para se fazer um uso eficaz dessas técnicas, é preciso reconhecer o aspecto espiritual dessa arte de defesa pessoal e dar-lhe a devida importância. É gratificante para mim constatar que existem aqueles que entendem isso, que sabem que o karatê-dō é uma genuína arte marcial do Oriente e que treinam com a atitude apropriada.

Ser capaz de infligir danos devastadores no adversário com um soco ou com um único chute tem sido, de fato, o objetivo dessa antiga arte marcial de origem okinawana. Mas mesmo os praticantes de antigamente colocavam maior ênfase no aspecto espiritual da arte do que nas técnicas. Treinar significa treinar o corpo e o espírito e, acima de tudo, a pessoa deve tratar o adversário com cortesia e a devida etiqueta. Não basta lutar com toda a força pessoal; o verdadeiro objetivo do karatê-dō é lutar em nome da justiça.

Gichin Funakoshi, um grande mestre de karatê-dō, observou repetidas vezes que o propósito máximo da prática dessa arte é o cultivo de um espírito sublime, de um espírito de humildade. E, ao mesmo tempo, desenvolver uma força capaz de destruir um animal selvagem enfurecido com um único golpe. Só é possível tornar-se um verdadeiro adepto do karatê-dō quando se atinge a perfeição nesses dois aspectos: o espiritual e o físico.

O karatê como arte de defesa pessoal e como meio de melhorar e manter a saúde existe há muito tempo. Mas desde 1957 uma nova atividade ligada a essa arte marcial está sendo cultivada com êxito: *o karatê como esporte*.

No karatê como esporte são realizadas competições com o propósito de determinar a habilidade dos participantes. Isso precisa ser enfatizado, porque também aqui há motivos para se lastimar. Há uma tendência a dar demasiada ênfase em vencer as competições, negligenciando a prática de técnicas fundamentais, preferindo em vez disso praticar o jiyū kumite na primeira oportunidade.

A ênfase em vencer as competições não pode deixar de alterar as técnicas fundamentais que a pessoa usa e a prática na qual ela se envolve. E, como se isso não bastasse, o resultado será a pessoa tornar-se incapaz de executar uma técnica poderosa e eficaz, que é afinal, a característica peculiar do karatê-dō. O homem que começar a praticar prematuramente o jiyū kumite — sem ter praticado suficientemente as técnicas fundamentais — logo será surpreendido por um oponente que treinou as técnicas básicas longa e diligentemente. É simplesmente uma questão de comprovar o que afirma o velho ditado: que a pressa é inimiga da perfeição. Não há outra maneira de aprender a não ser praticando as técnicas e movimentos básicos, passo a passo, estágio por estágio.

Se é para realizar competições de karatê, que sejam organizadas em condições apropriadas e no espírito adequado. O desejo de vencer uma disputa é contraproducente, uma vez que leva a um falta de seriedade no aprendizado dos fundamentos. Além disso, ter como objetivo uma exibição selvagem de força e vigor numa disputa é algo totalmente indesejável. Quando isso acontece, a cortesia para com o adversário é esquecida e esta é de importância fundamental em qualquer modalidade do karatê. Acredito que essa questão merece muita reflexão e cuidado, tanto da parte dos instrutores como da parte dos estudantes.

Para explicar os muitos e complexos movimentos do corpo, é meu desejo oferecer um livro inteiramente ilustrado, com um texto atualizado, baseado na experiência que adquiri com essa arte ao longo de um período de quarenta e seis anos. Esse desejo está sendo realizado com a publicação desta série, *O Melhor do Karatê*, para a qual meus primeiros escritos foram totalmente revistos com a ajuda e o estímulo de meus leitores. Esta nova série explica em detalhes o que é o karatê-dō numa linguagem a mais simples possível, e espero sinceramente que seja de ajuda aos adeptos dessa arte. Espero também que os karatekas de muitos países sejam capazes de se entenderem melhor depois da leitura desta série de livros.

O QUE É O KARATÊ-DŌ

Decidir quem é o vencedor e quem é o vencido não é o seu objetivo principal. O karatê-dō é uma arte marcial para o desenvolvimento do caráter através do treinamento, para que o karateka possa superar quaisquer obstáculos, palpáveis ou não.

O karatê-dō é uma arte de defesa pessoal de mãos vazias, na qual braços e pernas são treinados sistematicamente e um inimigo, atacando de surpresa, pode ser controlado por uma demonstração de força igual à que faz uso de armas reais.

O karatê-dō é uma prática através da qual o karateka domina todos os movimentos do corpo, como flexões, saltos e o balanço, aprendendo a movimentar os membros e o corpo para trás e para a frente, para a esquerda e para a direita, para cima e para baixo, de um modo livre e uniforme.

A essência das técnicas do karatê-dō é o *kime*. O propósito do *kime* é um ataque explosivo ao alvo usando a técnica apropriada e o máximo de força no menor tempo possível. (Antigamente, havia a expressão *ikken hissatsu*, que significa "matar com um golpe", mas concluir disso que matar seja o objetivo dessa técnica é tão perigoso quanto incorreto. É preciso lembrar que o karateka de antigamente podia praticar o *kime* diariamente e com uma seriedade mortal usando o makiwara.)

O *kime* pode ser realizado por golpes, socos ou chutes, mas também pelo bloqueio. Uma técnica sem *kime* jamais pode ser considerada um verdadeiro karatê, por maior que seja a semelhança. A disputa não é nenhuma exceção, embora seja contrário às regras estabelecer contato por causa do perigo envolvido.

Sun-dome significa interromper a técnica imediatamente antes de se estabelecer contato com o alvo (um *sun* equivale a cerca de três centímetros). Mas excluir o *kime* de uma técnica não é o verdadeiro karatê, de modo que o problema é como conciliar a contradição entre *kime* e *sun-dome*. A resposta é a seguinte: determine o alvo levemente adiante do ponto vital do adversário. Ele então pode ser atingido de uma maneira controlada com o máximo de força, sem que haja contato.

O treino transforma as várias partes do corpo em armas a serem usadas de modo livre e eficaz. A qualidade necessária para se conseguir isso é o autocontrole. Para tornar-se um vencedor, a pessoa antes precisa vencer a si mesma.

KATA

Os *kata* do karatê-dō são combinações lógicas de técnicas de bloqueio, soco, golpe e chute em certas seqüências determinadas. Cerca de cinqüenta kata, ou "exercícios formais", são praticados atualmente, alguns dos quais foram passados de geração em geração, enquanto outros foram desenvolvidos bastante recentemente.

Os kata podem ser divididos em duas amplas categorias. Numa, encontram-se os apropriados ao desenvolvimento físico, ao fortalecimento dos ossos e músculos. Apesar de aparentemente simples, eles requerem tranqüilidade para serem executados e exibem força e dignidade quando executados corretamente. Na outra categoria encontram-se os kata apropriados para o desenvolvimento de reflexos rápidos e da capacidade para mover-se rapidamente. Os movimentos relâmpagos desses kata sugerem o vôo rápido da andorinha. Todos os kata requerem e cultivam o ritmo e a coordenação.

O treino nos kata tanto é espiritual quanto físico. Na execução dos kata, o karateka deve exibir coragem e confiança, mas também humildade, gentileza e um senso de decoro, integrando assim o corpo e a mente numa disciplina singular. Como Gichin Funakoshi lembrava freqüentemente a seus discípulos, "Sem a cortesia, o karatê-dō perde o seu espírito".

Uma expressão dessa cortesia é a inclinação de cabeça feita no início e término de cada kata. A postura é a *musubi-dachi* (postura informal de atenção), com os braços relaxados, as mãos tocando levemente as coxas e os olhos dirigidos diretamente para a frente.

Da reverência no início do kata, a pessoa passa para o *kamae* do primeiro movimento do kata. Essa é uma postura descontraída, de maneira que a tensão, particularmente nos ombros e joelhos, deve ser eliminada e a respiração deve ser relaxada. O centro da força e da concentração é o *tanden*, o centro de gravidade. Nessa posição, o karateka deve estar preparado para qualquer eventualidade e cheio de espírito de luta.

Estar relaxado mas alerta também caracteriza a reverência no término do kata e é referido como *zanshin*. No karatê-dō, como em outras artes marciais, levar o kata a uma conclusão perfeita é da maior importância.

Cada kata começa com uma técnica de bloqueio e consiste num número específico de movimentos a serem realizados numa ordem determinada. Há uma variação na complexidade dos movimentos e no tempo requerido para concluí-los, mas cada movimento tem seu próprio significado e função e nada nele é supérfluo. A atuação é feita ao longo da *embusen* (linha de atuação), cuja configuração é determinada para cada kata.

Ao executar um kata, o karateka deve imaginar-se cercado de adversários e estar preparado para executar técnicas de defesa e ataque em qualquer direção.

O domínio dos kata é um pré-requisito para a passagem pelos *kyū* e *dan*, conforme mostramos a seguir:

8º *kyū*	Heian 1
7º *kyū*	Heian 2
6º *kyū*	Heian 3
5º *kyū*	Heian 4
4º *kyū*	Heian 5
3º *kyū*	Tekki 1
2º *kyū*	Outros kata que não sejam Heian ou Tekki
1º *kyū*	Outros que não sejam os acima
1º *dan*	Outros que não sejam os acima
2º *dan* e acima	Kata livres

Os kata livres podem ser escolhidos de Bassai, Kankū, Jitte, Hangetsu, Empi, Gankaku, Jion, Tekki, Nijūshihō, Gojūshihō, Unsu, Sōchin, Meikyō, Chintei, Wankan e outros.

Pontos Importantes

Como os efeitos da prática são cumulativos, pratique todos os dias, mesmo que seja por alguns minutos apenas. Ao executar um kata, mantenha-se calmo e nunca realize os movimentos com pressa. Isso significa estar sempre atento ao tempo correto de execução de cada movimento. Se um determinado kata se mostrar difícil, dê-lhe mais atenção e lembre-se sempre da relação entre a prática dos kata e do kumite.

Os pontos específicos no desempenho são:

1. *Ordem correta.* O número e a seqüência dos movimentos são predeterminados. Todos têm que ser executados.

2. *Começo e término.* O kata tem de ser iniciado e concluído no mesmo ponto da *embusen*. Isso requer prática.

3. *Significado de cada movimento.* Cada movimento, de defesa ou ataque, tem que ser claramente entendido e plenamente expressado. Isso também vale para os kata na sua totalidade, pois cada um deles tem características próprias.

4. *Consciência do alvo.* O karateka tem que saber o que é o alvo e quando executar uma técnica.

5. *Ritmo e regulagem do tempo*. O ritmo tem que ser apropriado a cada kata em particular e o corpo tem que estar flexível, nunca demasiado tenso. Lembre-se dos três fatores do uso correto da força, da rapidez ou lentidão na execução das técnicas e do estiramento e contração dos músculos.

6. *Respiração adequada*. A respiração deve ser alterada de acordo com as situações, mas basicamente inale ao bloquear e exale ao executar uma técnica de arremate, e inale e exale ao executar técnicas sucessivas.

Com relação à respiração há o *kiai*, que ocorre no meio ou no término do kata, no momento da tensão máxima. Com a exalação muito intensa e o tensionamento do abdômen, os músculos podem ser dotados de uma força extra.

Heian e Tekki

Todos os cinco kata Heian e os três kata Tekki são kata básicos.

Pela execução dos kata Heian, deve-se dominar os princípios e habilidades indispensáveis no karatê.

Dos kata Tekki, a pessoa deve adquirir a dignidade e a força das técnicas do karatê mas, mais do que isso, ela deve chegar a dominar a dinâmica, a força propulsora que vem com a prática, com o propósito de fortalecer os quadris e as posturas.

A *embusen* nos Heian 1 e 2 tem a forma de um I. Nos Heian 3 e 5, a forma é de um T. No Heian 4, ela tem a forma de um I, mas com a linha vertical estendendo-se para cima da linha horizontal superior.

A *embusen* nos kata Tekki é uma linha reta.

1
HEIAN 1

Da reverência ao shizen-tai

Mova primeiro o pé esquerdo.

2 Migi chūdan oi-zuki

Soco de estocada direito no nível médio. Mantenha firme o pé esquerdo. Soqueie enquanto desliza o pé direito para a frente.

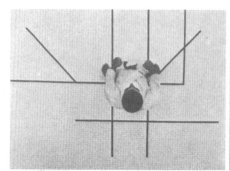

Shizen-tai. Hachinoji-dachi

1. Hidari zenkutsu-dachi

1. Hidari gedan barai

Bloqueio esquerdo para baixo. O punho esquerdo deve estar cerca de 15 centímetros acima do joelho esquerdo.

3. Migi gedan barai

Bloqueio direito para baixo. A perna esquerda é *jiku ashi* (a perna-pivô). Mova a perna direita num amplo arco.

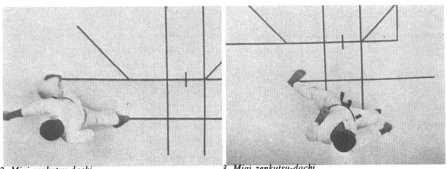

2. *Migi zenkutsu-dachi*
3. *Migi zenkutsu-dachi*

4 *Migi Kentsui tate mawashi-uchi*

5 *Golpe vertical com o punho-martelo direito.* Primeiro, leve o pé direito meio caminho para trás e o punho direito vigorosamente para trás. Avance o pé direito

Hidari chūdan oi-zuki

Soco de estocada pela esquerda no nível médio. Deslize o pé esquerdo um passo para a frente. Enrijeça a perna direita.

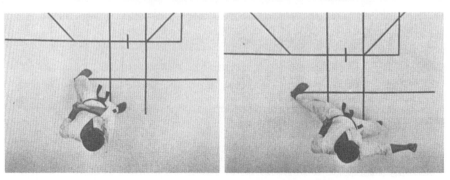

4. *Migi zenkutsu-dachi*

e golpeie. Não ponha nenhuma força no cotovelo. Gire o braço direito de maneira que o dorso do punho fique para a direita.

6 Hidari gedan barai

Bloqueio esquerdo para baixo. A perna direita é a perna *jiku ashi* (perna-pivô). Gire os quadris para a esquerda. Deslize o pé esquerdo para a esquerda.

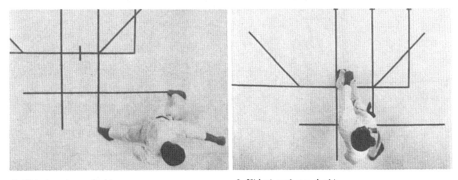

5. Hidari zenkutsu-dachi   6. Hidari zenkutsu-dachi

7 *Migi jōdan age-uke*

Bloqueio direito no nível superior. Cruze a palma da mão esquerda e o antebraço direito diante do queixo. Deslize o pé direito para a frente. Gire o antebraço direito de maneira que o dorso do punho fique para trás.

8 *Hidari jōdan age-uke*

Bloqueio esquerdo para cima no nível superior. Abra e feche o punho direito. Leve-o até o quadril direito.

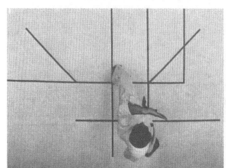
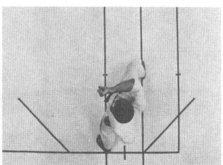

7. Migi zenkutsu-dachi

9 *Migi jōdan age-uke*

Bloqueio direito para cima no nível superior. Abra e feche o punho esquerdo, com o dorso da mão para fora. Cruze os pulsos.

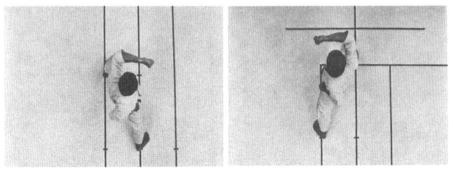

8. Hidari zenkutsu-dachi   9. Migi zenkutsu-dachi

10 Hidari gedan barai

Bloqueio esquerdo para baixo. Eleve o punho esquerdo até o ombro direito. O pivô para a esquerda.

12 Migi gedan barai

Bloqueio direito para baixo. Com a perna esquerda como *jiku ashi*, gire os quadris para a direita.

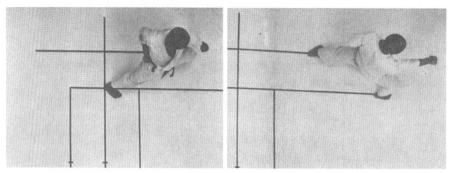

10. Hidari zenkutsu-dachi   *11. Migi zenkutsu-dachi*

11 *Migi chūdan oi-zuki*

Soco de estocada direito no nível médio. Deslize o pé direito para a frente. Tensione a perna esquerda.

13 *Hidari chūdan oi-zuki*

Soco de estocada esquerdo no nível médio. Deslize o pé esquerdo para a frente. Tensione a perna direita.

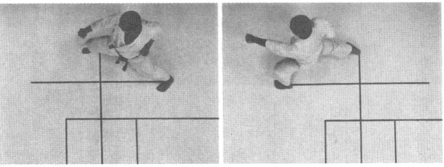

12. Migi zenkutsu-dachi   *13. Hidari zenkutsu-dachi*

14 *Hidari gedan barai*

Bloqueio esquerdo para baixo. Gire os quadris para a esquerda, mova a perna esquerda para a esquerda.

16 *Hidari chūdan oi-zuki*

Soco de estocada pela esquerda no nível médio. Deslize o pé esquerdo um passo para a frente.

14. *Hidari zenkutsu-dachi*   15. *Migi zenkutsu-dachi*

24

15 *Migi chūdan oi-zuki*

Soco de estocada pela direita no nível médio. Deslize o pé direito um passo para a frente.

17 *Migi chūdan oi-zuki*

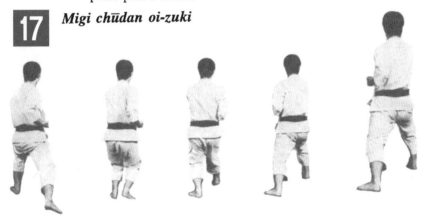

Soco de estocada pela direita no nível médio. Deslize o pé direito um passo para a frente.

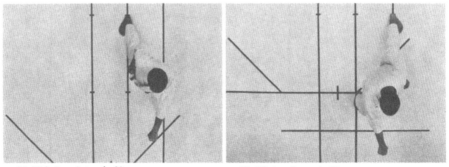

16. Hidari zenkutsu-dachi   17. Migi zenkutsu-dachi

18 *Hidari shutō uke*

Bloqueio esquerdo com a mão em espada. Vire-se com o joelho direito flexionado. Leve a perna esquerda para o lado esquerdo.

20 *Migi shutō uke*

Bloqueio direito com a mão em espada. Mantenha o joelho esquerdo flexionado e a perna-pivô esquerda para a direita.

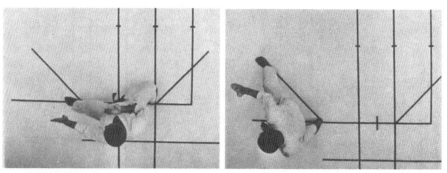

18. Migi *kōkutsu-dachi*   19. Hidari *kōkutsu-dachi*

26

19 *Migi shutō uke*

Bloqueio direito com a mão em espada. Com o joelho esquerdo flexionado, passe o peso do corpo para a perna esquerda.

21 *Hidari shutō uke*   *Yame*

Bloqueio esquerdo com a mão em espada. Passe o peso para a perna direita gradualmente. Gire diagonalmente para a esquerda.   Cerre ambos os punhos e leve o pé esquerdo para trás.

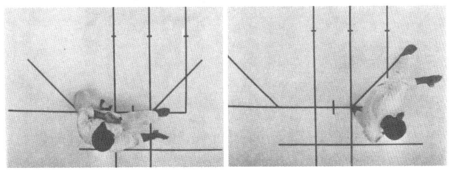

20. *Hidari kōkutsu-dachi*   21. *Migi kōkutsu-dachi*

HEIAN 1: PONTOS IMPORTANTES

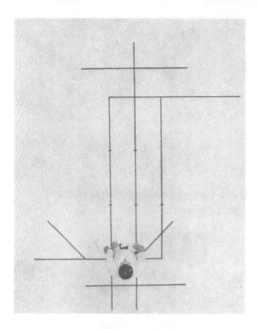

Heian 1 compõe-se de técnicas básicas de bloqueio: bloqueio para baixo, bloqueio para cima no nível superior, bloqueio no nível intermediário com o dorso da mão em espada — e o soco direto no nível intermediário. As posturas são a postura avançada e a postura recuada. Também inclui o método de contra-ataque quando seu pulso é agarrado por um adversário forte. As coisas mais importantes a serem dominadas neste kata são a inversão da direção e o movimento das pernas.

Vinte e um movimentos. Cerca de quarenta segundos.

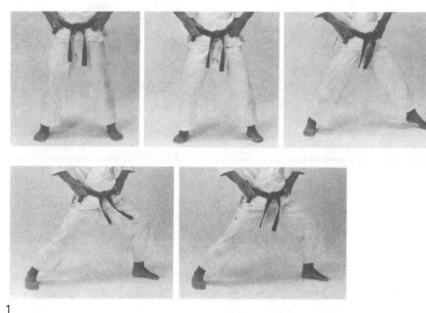

1

1. Para executar uma técnica para o lado esquerdo de *shizen-tai*, gire os quadris para a esquerda, deslize o pé esquerdo para a esquerda.

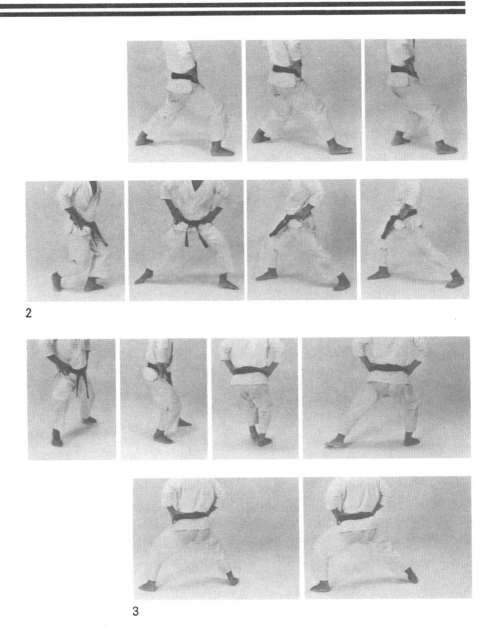

2. Na inversão de direção, a sensação deve ser a de empurrar os quadris em direção ao calcanhar da perna-pivô. Não levante o calcanhar do pé-pivô.
3. Ao girar para o lado direito com a perna direita como pivô, gire rapidamente os quadris para a esquerda e deslize rapidamente o pé esquerdo.

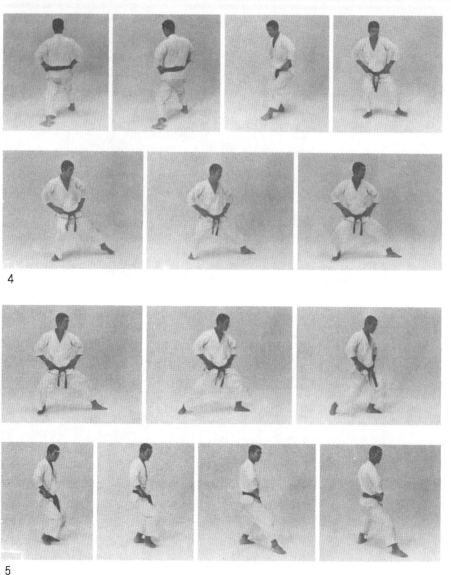

4
5

4. Ao inverter a direção, use a perna direita avançada da posição avançada como perna-pivô. Gire os quadris para a esquerda para assumir a posição esquerda recuada para o lado direito. Flexione o joelho direito; não altere a altura dos quadris.

5. Ao passar da postura recuada para a postura recuada seqüente, passe o peso para a perna da frente. Volte a deslizar a perna de trás para a frente ou para o lado.

2
HEIAN 2

1 *Hidari haiwan hidari sokumen jōdan yoko uke*
Migi zenwan hitai mae yoko kamae

Bloqueio do nível superior para o lado esquerdo com o dorso do braço esquerdo/Kamae do antebraço direito na fronte

3 *Hidari ken hidari sokumen chūdan-zuki*
Migi ken migi koshi kamae

Soco no nível médio para o lado esquerdo com o punho esquerdo/Punho direito do lado direito

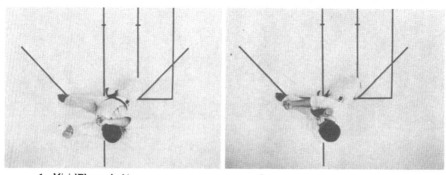

1. Migi kōkutsu-dachi   2.

32

2 *Migi kentsui hidari sokumen uchi-komi*
Hidari tekubi nagashi-uke

Golpe para o lado esquerdo com o punho-martelo direito/Bloqueio-desvio girando com o pulso esquerdo

4 *Migi haiwan migi sokumen jōdan yoko uke*
Hidari zenwan hitai mae yoko kamae

Bloqueio do nível superior para o lado direito com o dorso do braço direito/Kamae do antebraço esquerdo na fronte

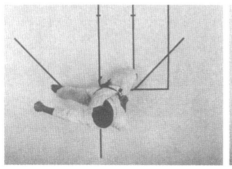

3.   4. *Hidari kōkutsu-dachi*

5 *Hidari kentsui migi sokumen uchi-komi*
Migi tekubi nagashi-uke

Golpe para o lado direito com punho-martelo esquerdo/Bloqueio-desvio girando com o punho direito

7 a *Hidari ken ue migi ken*

Punho direito por cima do punho esquerdo. Gire os quadris para a direita. Eleve a sola do pé direito para o joelho esquerdo.

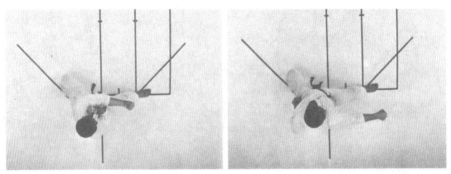

5.   6.

6 *Migi ken migi sokumen chūdan-zuki*
Hidari ken hidari koshi

Soco no nível médio para o lado direito com o punho direito/Punho esquerdo do lado esquerdo

7 b *Migi uraken jōdan yoko mawashi-uchi*
Migi sokutō yoko keage

Golpe indireto horizontal no nível superior com o dorso do punho direito/Chute ascendente percutente de lado com o pé direito em espada

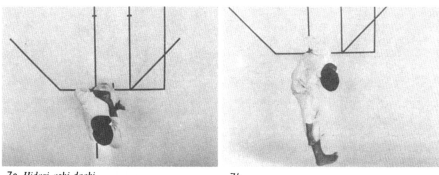

7a. *Hidari ashi-dachi*   7b.

35

8 *Hidari shutō uke*
Migi shutō suigetsu mae kamae

Bloqueio com a mão esquerda em espada/Kamae da mão direita em espada na frente do tórax. Faça o pé voltar à posição anterior chutando suavemente.

10 *Hidari shutō uke*

Bloqueio com a mão esquerda em espada. Deslize o pé esquerdo um passo para a frente.

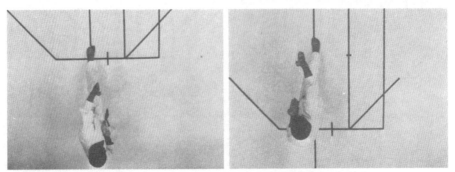

8. Migi kōkutsu-dachi   9. Hidari kōkutsu-dachi

9 *Migi shutō uke*

Bloqueio com a mão direita em espada. Passe o peso para a perna esquerda, flexione o joelho esquerdo, deslize o pé direito para a frente.

11 *Migi shihon nukite chūdan tate-zuki*
Hidari shō osae-uke

Soco vertical no nível médio com a mão direita em lança com os quatro dedos retesados/Bloqueio pressionando com a palma da mão esquerda

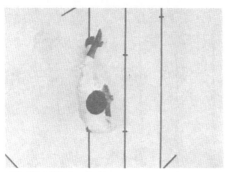

10. Migi kōkutsu-dachi

11. Migi zenkutsu-dachi

12 Hidari shutō uke

Bloqueio com a mão esquerda em espada. Com a perna direita como pivô, gire os quadris num movimento amplo para a esquerda.

14 Migi shutō uke

Bloqueio com a mão direita em espada. A perna esquerda é a perna-pivô. Gire os quadris para a direita.

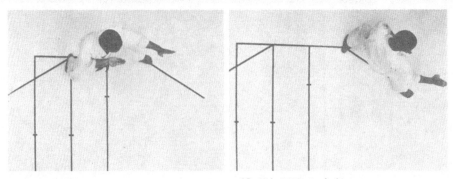

12. Migi kōkutsu-dachi   13. Hidari kōkutsu-dachi

13. Migi shutō uke

Bloqueio com a mão direita em espada. Passe o peso para a perna esquerda. Deslize o pé direito diagonalmente para a frente.

15. Hidari shutō uke

Bloqueio com a mão esquerda em espada. Passe o peso para a perna direita e deslize o pé esquerdo diagonalmente para a frente.

14. Hidari kōkutsu-dachi

15. Migi kōkutsu-dachi

16 Migi chūdan uchi uke Gyaku hanmi

Bloqueio direito do nível médio, de dentro para fora/Posição invertida semi-voltada para a frente

18 Hidari ken chūdan gyaku-zuki

Soco invertido no nível médio com o punho esquerdo. Dê o soco assim que o pé que chuta retornar ao chão.

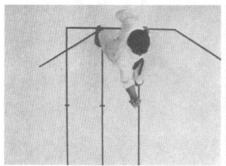

16. Hidari zenkutsu-dachi.   17.

17 · Migi mae keage

Chute explosivo com a direita para a frente. Execute as técnicas 16, 17 e 18 rapidamente.

19 · Hidari chūdan uchi uke

Bloqueio esquerdo do nível médio, de dentro para fora. Virar os quadris leva o pé direito meio passo para trás automaticamente.

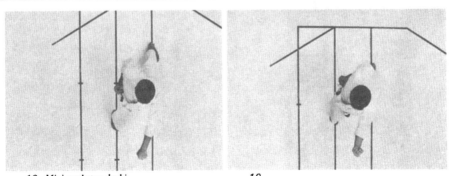

18. Migi zenkutsu-dachi   19.

41

20 *Hidari mae keage*

Chute ascendente explosivo para a frente esquerda. Execute rapidamente as técnicas 19, 20 e 21.

22 *Migi chūdan morote uke (Migi chūdan uchi uke/ Hidari ken migi empi yoko-zoe)*

Bloqueio direito do nível médio com o antebraço direito apoiado. (Bloqueio direito do nível médio, de dentro para fora/Punho esquerdo no cotovelo direito)

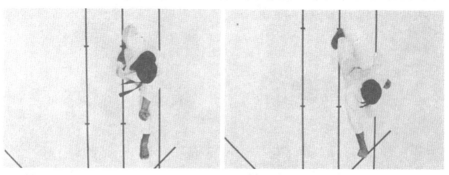

20.   21. *Hidari zenkutsu-dachi*

21. *Migi ken chūdan gyaku-zuki*

Soco invertido no nível médio com o punho direito. Dê o soco enquanto assume a postura avançada depois de chutar.

23. *Hidari gedan barai*

Bloqueio esquerdo para baixo. A perna direita é a perna-pivô. Gire os quadris para a esquerda.

22. *Migi zenkutsu-dachi*   23. *Hidari zenkutsu-dachi*

24 Migi jōdan age-uke

Bloqueio direito para cima do nível médio. Mão esquerda aberta, leve-a até o queixo, em seguida, avance o pé esquerdo.

26 Hidari jōdan age-uke

Bloqueio esquerdo para cima do nível médio. Avance o pé esquerdo, bloqueie, afaste a outra mão ao mesmo tempo.

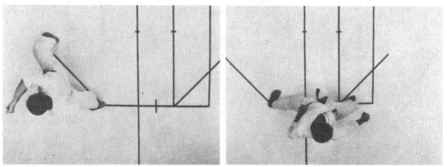

24. Migi zenkutsu-dachi   25. Migi zenkutsu-dachi

25 *Migi gedan barai*

Bloqueio direito para baixo. Com a perna esquerda como pivô, gire os quadris num movimento amplo.

Yame

Volte ao *shizen-tai*, afastando o pé esquerdo.

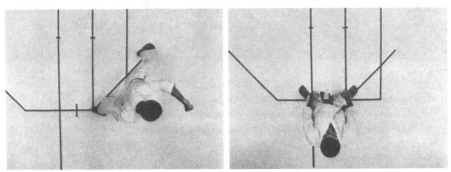

26. *Hidari zenkutsu-dachi*   *Shizen-tai*

HEIAN 2: PONTOS IMPORTANTES

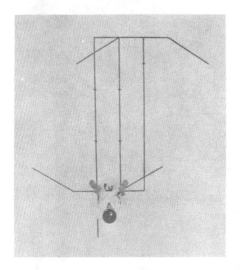

As técnicas praticadas no Heian 2 são o bloqueio do nível superior para o lado com o lado de cima do antebraço, o chute frontal e o ataque simultâneo com o chute lateral e o dorso do punho. Para que esse ataque simultâneo seja vigoroso e eficaz, o kamae do movimento 7 tem que ser perfeito. É também importante o domínio perfeito da inversão de direções e a tomada da posição inversa semivoltada para a frente, começando da mesma posição.

Vinte e seis movimentos. Cerca de quarenta segundos.

1

1. Para o bloqueio do nível superior para o lado com o dorso do braço, os braços devem estar no mesmo plano e formar um retângulo. O cotovelo da frente fica no nível do ombro; o de trás, no nível da orelha.

2. Para o ataque simultâneo com o dorso do punho e o chute lateral, forme um eixo com a perna de apoio, os quadris e a cabeça. Levante o pé que chuta até a altura do outro joelho enquanto gira os quadris.

3

3. Execução de uma técnica da *gyaku hanmi*: Com a perna direita como pivô, bloqueie de dentro para fora com o braço direito, ao mesmo tempo que gira os quadris para a esquerda e avança a perna esquerda. Faça isso arremessando o quadril direito para a frente, evitando dar um passo largo com a perna esquerda.
Soco inverso e bloqueio de dentro para fora depois do chute frontal: Ao bloquear, a perna dianteira recua imediatamente um meio passo. Não a empurre conscientemente para trás.

HEIAN 3

1 *Hidari ken hidari sokumen chūdan uchi uke*
Migi ken migi koshi

Bloqueio do nível médio, de dentro para fora, para o lado esquerdo com o punho esquerdo/Punho direito do lado direito

3 *Hidari chūdan uchi uke*
Migi gedan uke

Bloqueio esquerdo do nível médio, de dentro para fora/Bloqueio direito para baixo. Execute rapidamente as técnicas 2 e 3.

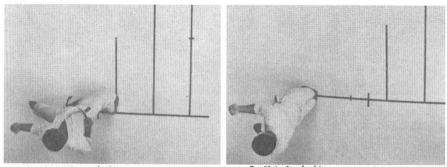

1. Migi kōkutsu-dachi   2. Heisoku-dachi

2 *Migi chūdan uchi uke*
Hidari gedan uke

Bloqueio do nível médio direito, de dentro para fora/Bloqueio esquerdo para baixo. Leve o punho direito para o lado de fora do cotovelo esquerdo.

4 *Migi chūdan uchi uke*

Bloqueio direito do nível médio, de dentro para fora. Gire os quadris num amplo movimento.

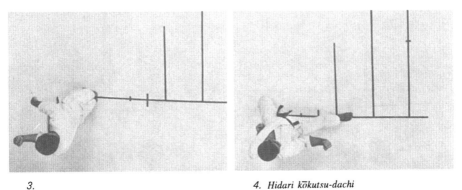

3.   4. *Hidari kōkutsu-dachi*

51

5 *Hidari chūdan uchi uke*
Migi gedan uke

Bloqueio esquerdo do nível médio, de dentro para fora/Bloqueio direito para baixo. Cruze os braços diante do peito.

7 *Hidari chūdan morote uke (Hidari chūdan uchi uke/ Migi ken hidari empi yoko-zoe)*

Bloqueio esquerdo do nível médio com o antebraço apoiado. (Bloqueio esquerdo do nível médio, de dentro para fora/Punho direito no cotovelo esquerdo)

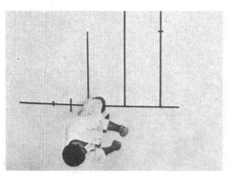 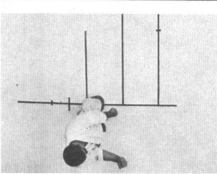

5. Heisoku-dachi   6.

6 *Migi chūdan uchi uke*
Hidari gedan uke

Bloqueio direito do nível médio, de dentro para fora/Bloqueio esquerdo para baixo. Execute rapidamente as técnicas 5 e 6.

8 *Migi nukite chūdan tate-zuki*
Hidari shō osae-uke

Soco vertical no nível médio com a mão direita em espada/Bloqueio pressionando com a palma da mão esquerda

 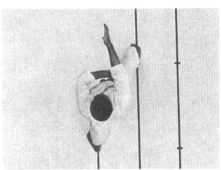

7. Migi kōkutsu-dachi   8. Migi zenkutsu-dachi

53

9 *Hidari kentsui chūdan yoko mawashi-uchi*

Golpe indireto horizontal no nível médio com o punho-martelo esquerdo. O dorso do punho esquerdo para cima.

10 *Ryō ken ryō koshi kamae*

Kamae (postura) de ambos os punhos nos lados. Gire os quadris lentamente para a esquerda. Deslize o pé esquerdo para o lado do pé direito.

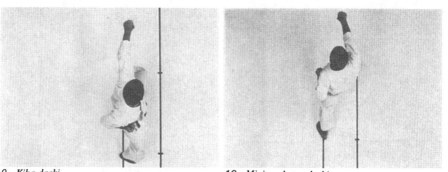

9. Kiba-dachi   10. Migi zenkutsu-dachi

10. Migi chūdan oi-zuki

Soco de estocada no nível médio direito. Execute rapidamente as técnicas 9 e 10.

12. Migi empi yoko uchi / Jōtai sono mama

Golpe lateral com o cotovelo direito/Parte superior do corpo como antes. Gire os quadris rapidamente para a esquerda.

11. Heisoku-dachi   12. Kiba-dachi

13 *Migi uraken migi sokumen tate mawashi-uchi*

Golpe vertical para o lado direito com o dorso do punho direito. Volte a apoiar o punho direito no quadril direito depois de golpear.

15 *Hidari uraken hidari sokumen tate mawashi-uchi*

Golpe vertical para o lado esquerdo com o dorso do punho esquerdo. Golpear em semicírculo partindo do queixo.

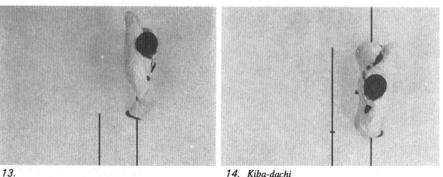

13.   14. *Kiba-dachi*

14 *Hidari empi yoko uchi*
Jōtai sono mama

Golpe lateral com o cotovelo esquerdo/A parte superior do corpo continua como anteriormente. Não altere a altura dos quadris.

16 *Migi empi yoko uchi*

Golpe lateral com o cotovelo direito. Vire a cabeça para a direita. Não mude o nível dos quadris quando levanta o joelho.

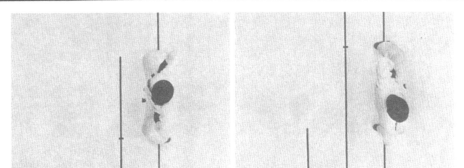

15. 16. Kiba-dachi

17 *Migi uraken migi sokumen tate mawashi-uchi* **18** *Hidari chūdan oi-zuki*

Golpe vertical para o lado direito com o dorso do punho direito

19 *Migi ken tsuki-age*
Hidari empi ushiro ate

Soco giratório com o punho direito/Golpeie para trás com o cotovelo esquerdo

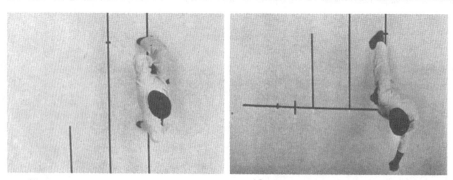

17.   18. *Hidari zenkutsu-dachi*

Leve o pé direito para junto do pé esquerdo, depois para a direita, e use-o como pivô.

Soco de estocada no nível médio esquerdo
Avance com a perna esquerda *(fumidashi)*.

20 **Hidari ken tsuki-age**
Migi empi ushiro ate

Yame

Soco giratório com o punho esquerdo/Golpear para trás com o cotovelo direito. Yoriashi (deslizar os pés) para a direita.

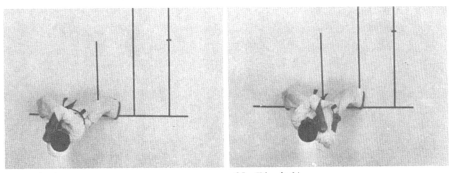

19. Kiba-dachi

20. Kiba-dachi

HEIAN 3: PONTOS IMPORTANTES

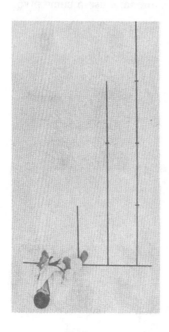

O heian 3 consiste em bloqueios alternados — do nível médio para o nível inferior — bloqueio com o cotovelo, golpe com o dorso do punho, chute triturador e outras técnicas. São de especial importância: treinar na posição do cavaleiro e dominar a singular *tai-sabaki* de deslize dos pés (*yori-ashi*).

Vinte movimentos. Cerca de quarenta segundos.

1

2

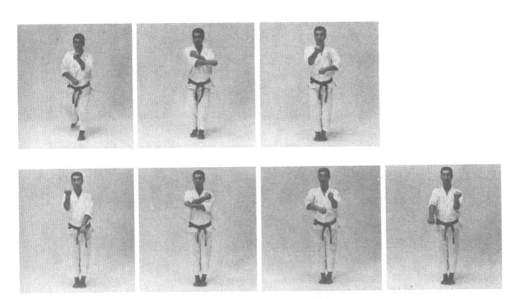

1. Os punhos, tanto nos bloqueios do nível médio como do inferior, devem estar eqüidistantes do corpo. Não deixe que nenhum dos cotovelos afaste mais do que a largura de um punho do lado do corpo. O punho para o bloqueio do nível médio, de dentro para fora, passa por fora do outro cotovelo. Cruze ambos os braços diante do peito para executar o *kime*.

2. No bloqueio com o cotovelo para o lado do corpo, o joelho tem de ser levantado até a altura do peito para o chute triturador (*fumikomi*). Não bloqueie somente com o braço. A sensação deve ser a de bloquear com os quadris. Tire proveito do giro dos quadris, usando os quadris, o tórax e ambos os braços como uma peça única, maciça.

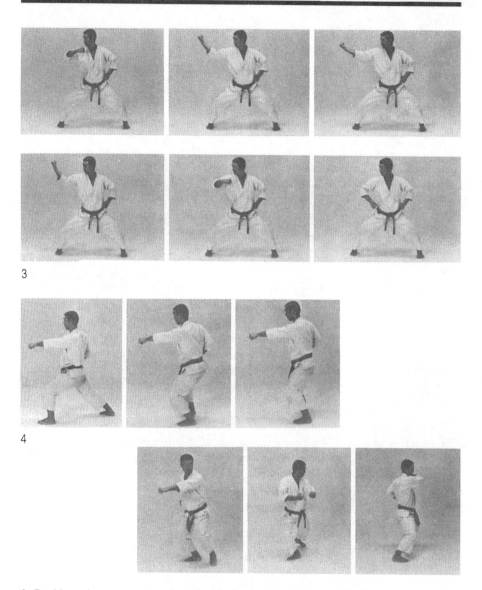

3. Do bloqueio com o cotovelo para o lado para dar o soco vertical com o dorso do punho: Gire o punho diante do queixo e faça o antebraço voltar ao longo do mesmo curso, até que o punho alcance o quadril.
4. De soco de estocada esquerdo para o soco giratório direito: O pé direito é o pivô. Um golpe com o cotovelo para trás pode ser dado ao mesmo tempo.

4
HEIAN 4

1 *Hidari haiwan hidari sokumen jōdan yoko uke*
Migi zenwan hitai mae yoko kamae

Bloqueio do nível superior para o lado esquerdo com o dorso do braço esquerdo/Kamae do antebraço direito no lado da frente

3 *Ryō ken gedan jūji uke*

Bloqueio em forma de x do nível inferior com ambos os punhos. Arremeta para baixo a partir do ombro direito e cruze os pulsos.

1. *Migi kōkutsu-dachi*

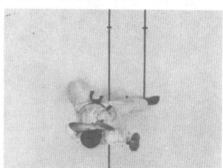

2. *Hidari kōkutsu-dachi*

2 *Migi haiwan migi sokumen jōdan yoko uke*
Hidari zenwan hitai mae yoko kamae

Bloqueio do nível superior para o lado direito com o dorso do braço direito/Kamae do antebraço esquerdo no lado da frente

4 *Migi chūdan morote uke (Migi chūdan uchi uke/*
Hidari ken migi hiji-zoe)

Bloqueio maciço do nível médio direito. (Bloqueio do nível médio direito, de dentro para fora/Punho esquerdo no cotovelo direito)

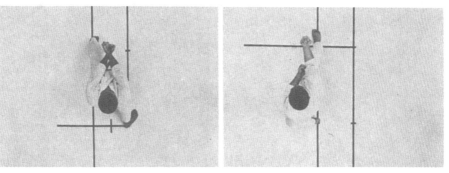

3. *Hidari zenkutsu-dachi*   4. *Hidari kōkutsu-dachi*

5 *Ryō ken migi koshi kamae*

6 *Hidari uraken hidari sokumen jōdan yoko mawashi-uchi/Hidari yoko keage*

Kamae (postura) de ambos os punhos ao lado direito

Golpe horizontal no nível superior para o lado esquerdo com o dorso do punho esquerdo/Chute ascendente explosivo para o lado esquerdo

8 *Ryō ken hidari koshi kamae*

Ambos os punhos, do lado esquerdo. Leve o pé esquerdo meio passo para a direita. Vire a cabeça para a direita.

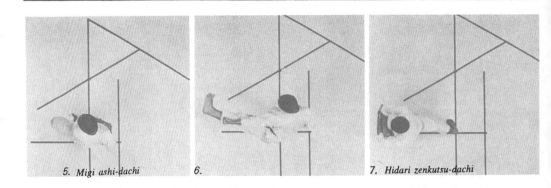

5. Migi ashi-dachi   6.   7. Hidari zenkutsu-dachi

7 *Migi empi uchi*

Golpe com o cotovelo direito. Execute rapidamente as técnicas 6 e 7. Golpeie vigorosamente a palma da mão esquerda.

9 *Migi uraken migi sokumen jōdan yoko mawashi-uchi/Migi yoko keage*   **10** *Hidari empi uchi*

Golpe horizontal no nível superior para o lado direito com o dorso do punho direito/ Chute ascendente explosivo para o lado direito

Golpe com o cotovelo esquerdo

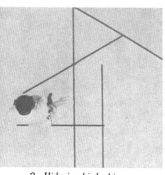
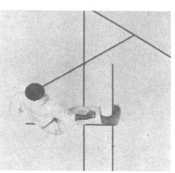
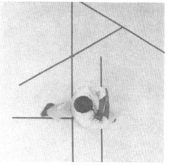

8. Hidari ashi-dachi   9.   10. Migi zenkutsu-dachi

11 *Migi shutō jōdan yoko mawashi-uchi*
Hidari shō jōdan uke

Golpe circular horizontal no nível superior com a mão direita em espada/Bloqueio do nível superior com a palma da mão esquerda

14 *Ryō ken chūdan kakiwake uke*

Bloqueio em forma de cunha inversa no nível médio com ambos os punhos. Execute lentamente essa técnica.

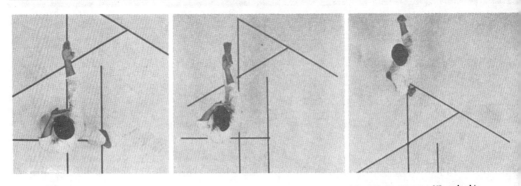

11.   12.   13. *Migi ashi mae kōsa-dachi*

68

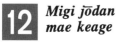

12 *Migi jōdan mae keage*

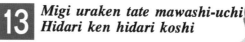

13 *Migi uraken tate mawashi-uchi / Hidari ken hidari koshi*

Chute ascendente explosivo frontal direito no nível superior

Golpe vertical com o dorso do punho direito/ Punho esquerdo para o lado esquerdo

15 *Migi jōdan mae keage*

16 *Migi chūdan oi-zuki / Hidari ken hidari koshi*

Chute ascendente explosivo para a frente direita no nível superior

Soco de estocada no nível médio direito/ Punho esquerdo para o lado direito. Dê o soco com o retorno do pé ao chão.

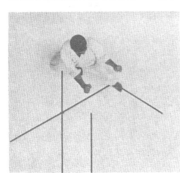

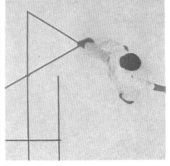

14. *Migi kōkutsu-dachi*   15.   16. *Migi zenkutsu-dachi*

69

17 *Hidari chūdan gyaku-zuki*   **18** *Chūdan kakiwake uke*

Soco inverso no nível médio esquerdo

Bloqueio em forma de cunha inversa no nível médio

21 *Migi ken chūdan gyaku-zuki/ Hidari ken hidari koshi*   **22** *Hidari chūdan morote uke*

Soco inverso no nível médio com o punho direito/Punho esquerdo para o lado esquerdo

Bloqueio do nível médio esquerdo com o antebraço reforçado

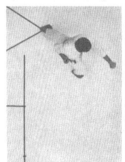 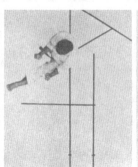 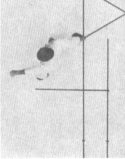

17.　　18. Hidari kōkutsu-dachi　　19.　　20. Hidari zenkutsu-dachi

19 *Hidari jōdan mae keage*

Chute ascendente explosivo frontal esquerdo no nível superior

20 *Hidari ken chūdan oi-zuki*

Soco de estocada no nível médio com o punho esquerdo

23 *Migi chūdan morote uke*

Bloqueio do nível médio direito com o antebraço reforçado

24 *Hidari chūdan morote uke*

Bloqueio do nível médio esquerdo com o antebraço reforçado

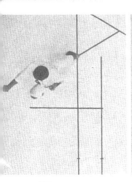
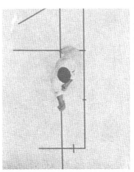
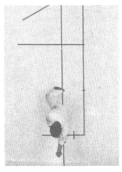

21.   22. *Migi kōkutsu-dachi*   23. *Hidari kōkutsu-dachi*   24. *Migi kōkutsu-dachi*

71

25 *Migi hiza age-ate*
Ryō ken migi hiza ryōsoku hikioroshi

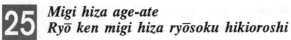

Golpe com o joelho direito/Abaixe ambos os punhos para os lados do joelho direito. Levantar o joelho direito.

27 *Migi shutō chūdan uke*

Bloqueio do nível médio com a mão direita em espada. Mantenha os quadris nivelados.

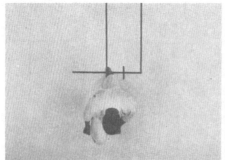

25.   26. Migi kōkutsu-dachi

26 Hidari shutō chūdan uke
Migi shutō mune mae kamae

Bloqueio do nível médio com a mão esquerda em espada/Kamae da mão direita em espada diante do tórax

Yame

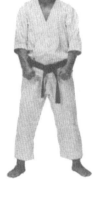

27. Hidari kōkutsu-dachi   Shizen-tai

HEIAN 4: PONTOS IMPORTANTES

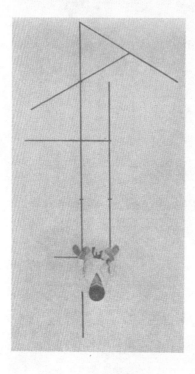

As técnicas no Heian 4 são o bloqueio em x para baixo e o bloqueio do nível médio com o antebraço reforçado, o golpe circular com a mão em espada, o golpe horizontal com o cotovelo, o bloqueio em forma de cunha inversa e o golpe com o joelho. A difícil postura de pernas cruzadas deve ser dominada. Os movimentos 1 e 2 são feitos lentamente, mas as mãos e os pés têm que se movimentar em harmonia.

Vinte e sete movimentos. Cerca de cinqüenta segundos.

1

1. Na postura avançada para o bloqueio em x do nível inferior, os quadris devem estar relativamente baixos e um pouco para a frente. Tenha em mira o tornozelo do adversário. Se os quadris estiverem recuados ou o bloqueio for excessivamente alto, ele não será eficiente.

2

3

2. No golpe horizontal ao nível superior (movimento 11), erga a palma da mão esquerda, dobrando o cotovelo, até a frente da testa. Gire a palma da mão direita para cima a partir do lado direito da cabeça num arco amplo. Ambos os braços têm que ser movimentados em conjunto com a rotação dos quadris para a esquerda.

3. No golpe vertical com o dorso do punho depois do chute para a frente, faça uso pleno da mobilidade do tornozelo esquerdo para saltar. Colocando o peso do corpo sobre a perna direita, leve o pé esquerdo para trás do tornozelo direito para assumir a postura dos pés cruzados. Isso é necessário para a manutenção do equilíbrio.

4. O ponto essencial do golpe vertical é o giro da mão direita num amplo arco como se estivesse seguindo o curso da mão esquerda. Golpeie para a frente na altura do queixo, ao mesmo tempo que o punho esquerdo é levado para o quadril esquerdo.

5. Ao chutar depois do bloqueio em forma de cunha inversa do nível intermediário, as axilas têm que estar tensionadas para manter os cotovelos junto do corpo. Do contrário, o rosto e o abdômen ficarão expostos a um contra-ataque. Ao mesmo tempo que a perna que chuta é abaixada, pode-se executar socos contínuos.

6. O golpe com o joelho levantado após o bloqueio de duas mãos com o antebraço apoiado na base direita recuada: Dobre o joelho da frente e passe o seu peso para a frente sem levantar os quadris. Erga ambas as mãos diagonalmente e então, levante o joelho direito ao alto ao mesmo tempo que desce ambas as mãos para o lado da perna.

5
HEIAN 5

1 *Hidari ken chūdan uchi uke*

Bloqueio do nível médio, de dentro para fora, com o punho esquerdo. Execute rapidamente as técnicas 1 e 2.

3 *Hidari zenwan mizu-nagare kamae*

Posição de bloqueio "água corrente" do antebraço esquerdo. Movimente a cabeça, os braços e a perna simultânea e lentamente.

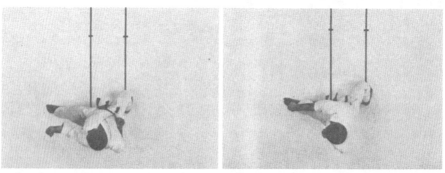

1. *Migi kōkutsu-dachi*   2.

2 *Migi ken chūdan gyaku-zuki*

Soco inverso no nível médio com o punho direito. Puxe o punho esquerdo com força.

4 *Migi ken chūdan uchi uke* **5** *Hidari ken chūdan gyaku-zuki*

Bloqueio do nível médio, de dentro para fora, com o punho direito

Soco inverso no nível médio com o punho esquerdo

3. Heisoku-dachi

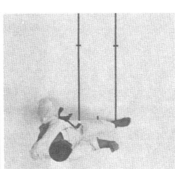
4. Hidari kōkutsu-dachi

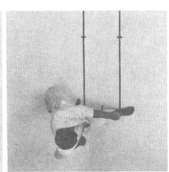
5.

6 *Migi zenwan mizu-nagare kamae*

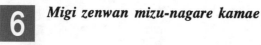

Posição de bloqueio "água corrente" do antebraço direito. Movimente a cabeça, os braços e a perna em conjunto e lentamente.

8 *Ryō ken gedan jūji uke*

Bloqueio em X do nível inferior com ambos os punhos. Cruze os pulsos enquanto avança a perna esquerda.

6. *Heisoku-dachi*

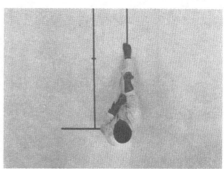

7. *Hidari kōkutsu-dachi*

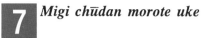
7 *Migi chūdan morote uke*

Bloqueio do nível médio direito com o antebraço reforçado

9 *Ryō shō jōdan jūji uke*

Bloqueio em X do nível superior com ambas as palmas das mãos. Arremeta para cima com os punhos cruzados.

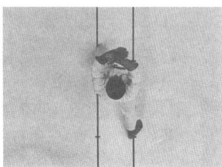

8. *Hidari zenkutsu-dachi*   9.

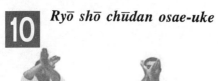 Ryō shō chūdan osae-uke

Bloqueio de pressão do nível médio com ambas as mãos espalmadas. Mantenha os pulsos juntos. Abra a mão direita.

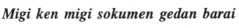 Migi ken migi sokumen gedan barai

Bloqueio para baixo e para o lado direito com o punho direito. Leve o punho direito até cerca de 5 centímetros acima do joelho direito.

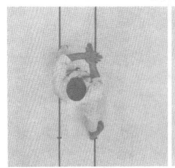 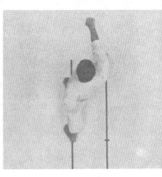

10. 　　　　11. 　　　　12. Migi zenkutsu-dachi

11 *Hidari ken chūdan-zuki*   **12** *Migi ken chūdan oi-zuki* **EI!**

Soco no nível médio com o punho esquerdo.   Soco direto no nível médio com o punho direito

14 *Hidari shō hidari sokumen chūdan kake-uke*

Bloqueio de gancho do nível médio para o lado esquerdo com a palma da mão esquerda. Leve a palma da mão esquerda para a frente partindo de baixo do cotovelo direito.

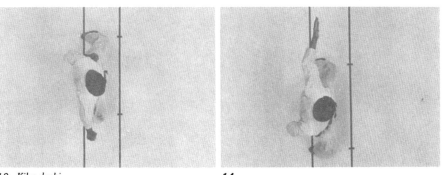

13. Kiba-dachi   14.

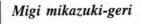 **Migi mikazuki-geri**

Chute crescente pela direita. Chute a palma esquerda com a sola direita, retornando rapidamente o pé para o lado direito.

Migi chūdan morote uke

Bloqueio do nível médio direito com o antebraço apoiado. Dobre o joelho direito. Leve o pé esquerdo para trás do pé direito.

 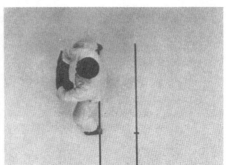

15.   16. Kiba-dachi

16 *Migi empi mae uchi*

Golpe frontal com o cotovelo direito.
Mantenha a mão esquerda no mesmo lugar.

18 *Migi morote kōhō tsuki-age*

Soco ascendente direito com apoio para trás. Mantenha o punho esquerdo junto do cotovelo direito.

17. *Migi ashi mae kōsa-dachi*

18. *Renoji-dachi*

19 *Ryō ken gedan jūji uke*

Bloqueio em x para baixo com ambos os punhos

21 a *Migi shutō gedan uchi-komi*
Hidari shō migi kata ue nagashi-uke

Golpe para baixo com a mão direita em espada/Bloqueio desviando, com a palma da mão esquerda no ombro direito

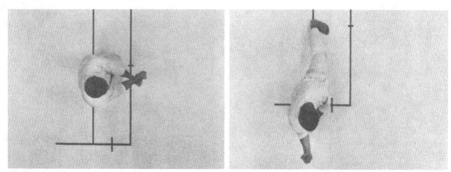

19. Migi ashi mae kōsa-dachi   20. Migi zenkutsu-dachi

20 *Migi chūdan morote uke*

Bloqueio do nível médio direito com o antebraço reforçado. Estenda o joelho esquerdo. Deslize o pé direito para a direita.

21 b *Migi ken migi sokumen jōdan uchi uke*
Hidari ken migi sokumen gedan uke

Bloqueio do nível superior, de dentro para fora, para o lado direito com o punho direito/Bloqueio para baixo para o lado direito com o punho esquerdo

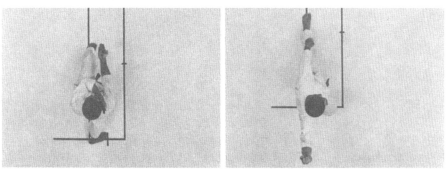

21a.   21b. Migi kōkutsu-dachi

22 *Heisoku-dachi*
Jōtai sono mama

Posição informal de atenção/Parte superior do corpo como anteriormente. Deslize o pé esquerdo lentamente para o lado do pé direito.

23 b *Hidari ken hidari sokumen jōdan uchi uke*
Migi ken migi sokumen gedan uke

Bloqueio do nível superior, de dentro para fora, para o lado esquerdo com o punho esquerdo. Bloqueio para baixo para o lado direito com o punho direito

22. Heisoku-dachi   23a. Migi zenkutsu-dachi

23 a *Hidari shutō gedan uchi-komi / Migi shō hidari kata ue nagashi-uke*

Golpe para baixo com a mão esquerda em espada/Bloqueio em curva, com a palma da mão direita girando na direção do ombro esquerdo

Yame

23b.

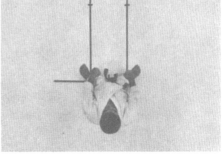

Shizen-tai

HEIAN 5: PONTOS IMPORTANTES

No Heian 5, as técnicas incluem a postura da "água corrente", bloqueio em x do nível superior, bloqueio do nível médio pressionando com a palma de ambas as mãos, bloqueio para baixo e para o lado partindo da postura do cavaleiro, bloqueio em gancho, para o lado, do nível médio, chute em forma de meia-lua e posição de pés cruzados depois de saltar. Ao passar do soco para trás de nível médio da postura recuada para a postura informal da "água corrente"(movimentos 2-3 e 5-6), a cabeça, os braços e a perna têm que se mover em coordenação com o giro dos quadris. Dominados esses movimentos, os movimentos 10, 11 e 12 podem ser executados seguidamente. No movimento 19, a postura de pés cruzados depois de saltar tem que ser firme. Essa postura ocorre freqüentemente no kata.

Vinte e três movimentos. Cerca de cinqüenta segundos.

1

1. Ao passar do bloqueio em x do nível inferior para o bloqueio em x do nível superior, mantenha os pulsos cruzados, leve as palmas de ambas as mãos para perto do peito e bloqueie arremessando para cima. Então, estenda a palma da mão direita diante do mamilo direito, com a palma para cima. Vire a palma da mão esquerda para baixo.

2

2. Bloqueio lateral para baixo: Gire os quadris e a cabeça para a esquerda e flexione o joelho esquerdo. Ao levantar a palma da mão esquerda até o ombro direito, golpeie para baixo com a palma da mão direita. Sem mover os pés, passe o peso para a perna direita. Como se torcesse uma toalha, bloqueie diagonalmente para baixo com o punho esquerdo, enquanto levanta o punho direito acima e atrás do ombro direito.

3. O ponto 2 aplica-se também aos movimentos 22-23. Tome cuidado para não mover os pés enquanto passa da posição avançada para a recuada.

6
TEKKI 1

1 *Kao migi muki*
Jōtai sono mama

Vire a cabeça para a direita/A parte superior do corpo fica como está. Abaixe os quadris. Cruze o pé esquerdo sobre o pé direito.

3 *Hidari empi migi sokumen chūdan uchi*
Migi shō hidari hiji ate

Golpe no nível médio para o lado direito com o cotovelo esquerdo/Palma da mão direita diante do cotovelo esquerdo

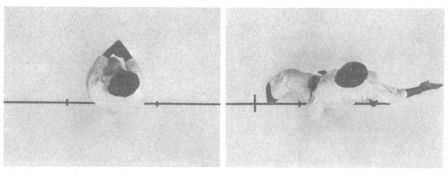

1. Hidari ashi mae kōsa-dachi   *2.* Kiba-dachi

2 *Migi shō migi sokumen chūdan kake-uke*
Hidari ken hidari koshi

Bloqueio do nível médio enganchando para o lado direito com a palma da mão direita/Punho esquerdo para o lado esquerdo

4 *Ryō ken migi koshi kamae*
Kao hidari muki

Kamae (posição de guarda) de ambos os punhos do lado direito/Vire a cabeça para a esquerda. Dorso do punho esquerdo para a frente; dorso do direito para baixo.

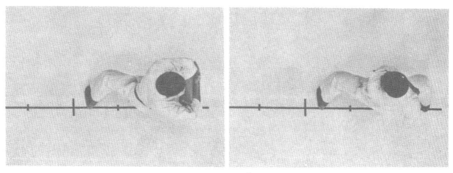

3.   4.

5 *Hidari gedan barai*

Bloqueio esquerdo para baixo. A sensação é a de bloquear um ataque vigorosamente para o lado esquerdo.

7 *Migi ashi mae kōsa-dachi
Jōtai sono mama*

Pé direito na frente, posição de pés cruzados/Parte superior do corpo como anteriormente. Não mude a posição do tronco.

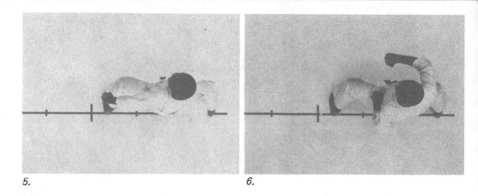

5. 6.

6 *Migi ken kagi-zuki*

Soco em gancho com o punho direito. Leve o antebraço direito até cerca de 20 centímetros diante do peito e paralelo a ele.

8 *Migi chūdan uchi uke*
Kao shōmen muki

Bloqueio direito do nível médio, de dentro para fora/Vire o rosto para a frente. Vigoroso chute triturador para a esquerda.

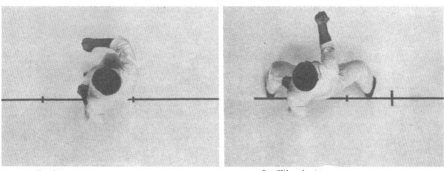

7. *Migi ashi mae kōsa-dachi*   8. *Kiba-dachi*

9 a *Hidari haiwan jōdan nagashi-uke/Migi gedan uke*

Bloqueio circular de nível superior com o dorso do braço esquerdo/Bloqueio direito para baixo

9 b *Hidari ken jōdan ura-zuki*

Soco fechado no nível superior com o punho esquerdo/Punho direito no cotovelo esquerdo

11 b *Hidari ude hidari sokumen chūdan uke*

Bloqueio do nível médio para o lado esquerdo com o braço esquerdo

12 *Kao migi muki Jōtai sono mama*

Vire a cabeça para a direita/Parte superior do corpo na posição anterior

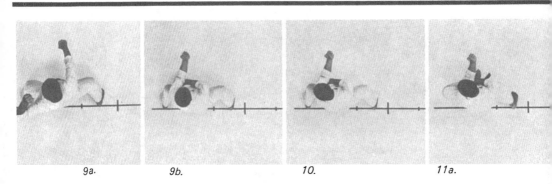

9a.   9b.   10.   11a.

10	*Kao hidari muki Jōtai sono mama*

Vire a cabeça para a esquerda/
Parte superior do corpo na
posição anterior

11a	*Hidari ashi nami-gaeshi Jōtai sono mama*

Chute ondulante retornando pela esquerda/
Parte superior do corpo na posição anterior

13a	*Migi ashi nami-gaeshi Jōtai sono mama*

Chute ondulante retornando pela direita/
Parte superior do corpo na posição
anterior

13b	*Hidari ude, migi sokumen chūdan uke*

Bloqueio do nível médio para o lado direito
com o braço esquerdo. Mantenha o punho
direito junto ao cotovelo esquerdo.

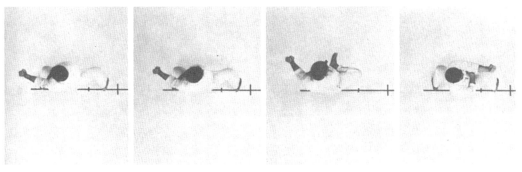

11b.   12.   13a.   13b.

99

14 *Ryō ken migi koshi kamae*
Kao hidari muki

Kamae (posição de guarda) de ambos os punhos do lado direito/Vire a cabeça para a esquerda. Mova a cabeça e os braços simultaneamente.

16 *Hidari shō hidari sokumen chūdan kake-uke*
Migi ken migi koshi

Bloqueio do nível médio enganchando para o lado esquerdo com a palma da mão esquerda/Punho direito para o lado direito

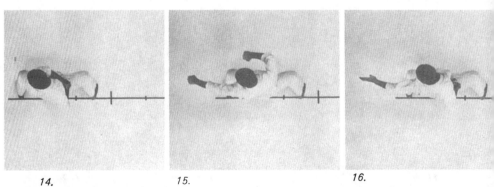

14.   15.   16.

100

15 *Hidari ken hidari sokumen chūdan-zuki / Migi ken chūdan kagi-zuki*

Soco no nível médio para o lado esquerdo com o punho esquerdo/Soco em gancho do nível médio com o punho direito

17 *Migi empi hidari sokumen chūdan uchi* **18** *Ryō ken hidari koshi kamae* **19** *Migi gedan barai*

Golpe no nível médio para o lado esquerdo com o cotovelo direito

Kamae (posição de guarda) de ambos os punhos do lado esquerdo. Vire a cabeça para a direita

Bloqueio direito para baixo

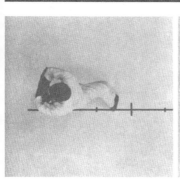   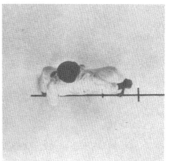

17.   18.   19.

101

Hidari ken kagi-zuki

 Hidari ashi mae kōsa-dachi

Soco em gancho com o punho esquerdo

Pé esquerdo na frente, postura de pernas cruzadas

Migi haiwan jōdan nagashi-uke/ Hidari gedan uke

Migi ken jōdan ura-zuki

Bloqueio em curva do nível superior com o dorso do braço direito/ Bloqueio esquerdo para baixo

Soco fechado no nível superior com o punho direito

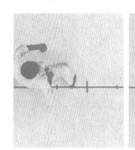

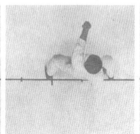

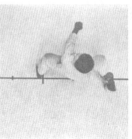

20.   .21. Kōsa-dachi   22. Kiba-dachi   23a.

22 *Hidari chūdan uchi uke*
Kao shōmen muki

Bloqueio do nível médio esquerdo, de dentro para fora/Vire a face para a frente

24 *Kao migi muki* **25a** *Migi ashi nami-gaeshi* **25b** *Migi ude migi sokumen chūdan uke*

Gire a face para a direita   Chute ondulatório retornando pela direita   Bloqueio do nível médio para o lado direito com o braço direito

23b.   24.   25a.   25b.

26 *Kao hidari muki*
Jōtai sono mama

Vire a cabeça para a esquerda/A parte superior do corpo na mesma posição anterior

27 a *Hidari ashi nami-gaeshi*

Chute ondulatório retornando pela esquerda

29 *Migi ken migi sokumen chūdan-zuki*
Hidari ken kagi-zuki

Soco no nível médio para o lado direito com o punho direito/Soco em gancho com o punho esquerdo

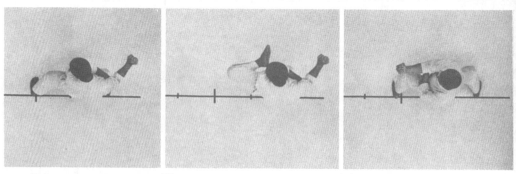

26. 27a. 27b.

104

27 b *Migi ude hidari sokumen chūdan uke*   **28** *Ryō ken hidari koshi kamae Kao migi muki*

Bloqueio do nível médio para o lado esquerdo com o braço direito. *Fumikomi* vigoroso.

Yame

Kamae (posição de guarda) de ambos os punhos do lado esquerdo/Vire a cabeça para a direita

  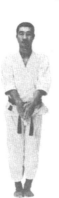  

Volte tranqüilamente a face para a frente e retorne lentamente os braços e as pernas para a *kamae* (posição de guarda) original.

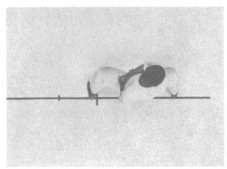 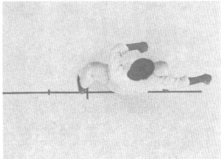

28.   29.

105

TEKKI 1: PONTOS IMPORTANTES

A linha de atuação nos kata Tekki é a linha reta, com os movimentos sendo executados para um lado ou outro. Se a postura de pés cruzados não estiver correta, a linha de atuação tende a inclinar-se para a frente. Portanto, o ritmo da mudança do peso do corpo e do alinhamento dos dedos de ambos os pés é importante. Qualquer que seja o movimento, a postura de cavaleiro não deve ser alterada. E quando se executam técnicas para o lado, o corpo, dos quadris para baixo, tem que estar voltado para a frente. Como esses kata são bastante monótonos, vire a cabeça brusca e vigorosamente.

Vinte e nove movimentos. Cerca de cinqüenta segundos.

1

1. O mais importante é o soco de gancho. Se executado corretamente, pode-se conseguir dominar a tensão nos ombros, cotovelos e axilas. Isso, por sua vez, leva a desenvolver-se a técnica de dar socos e um bloqueio eficiente. O resultado da aprendizagem desse kata pode representar uma notável diferença no uso dessas técnicas.

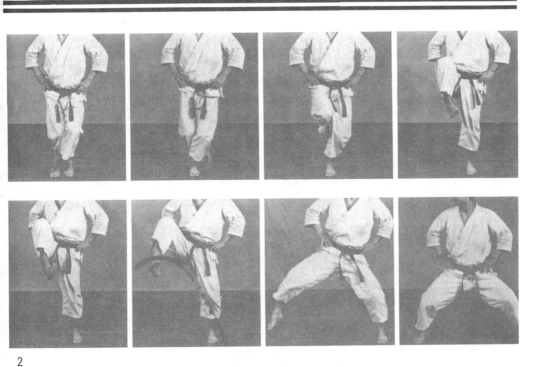

2

3

2. No chute triturador da posição de cavaleiro, mantenha o joelho esquerdo imóvel mesmo quando o peso do corpo passa gradualmente para o direito. Mova o pé direito da posição de trás do joelho esquerdo, levantando o joelho numa curva alta.

3. No retorno do chute ondulante, a postura dos quadris não deve mudar.

4

4. Do bloqueio em arco do nível superior com o antebraço para o soco decisivo no nível superior: Leve o punho direito de sob o cotovelo esquerdo até a orelha direita. Ao mesmo tempo, leve o punho esquerdo do ombro direito para baixo e para fora. Em seguida, golpeie diretamente para a frente com o punho direito, passando o punho esquerdo por baixo do cotovelo direito.

7
TEKKI 2

1 *Ryō hiji suihei ni haru*
Kao migi muki

Cotovelos abertos horizontalmente/Vire a cabeça para a direita. Faça isso lenta e calmamente.

3 *Migi zenwan shōmen gedan uke*
Hidari shō migi hiji ni soeru

Bloqueio do nível inferior para a frente com o antebraço direito/ Palma da mão esquerda suportando o cotovelo direito

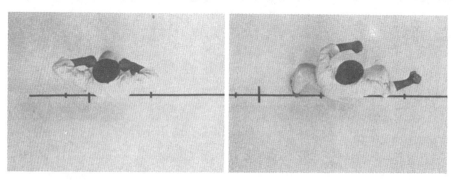

1. *Hidari ashi mae kōsa-dachi*   2. *Kiba-dachi*

2 *Migi zenwan migi sokumen chūdan uke*
Hidari zenwan mune mae suihei kamae

Bloqueio do nível médio para o lado direito com o antebraço direito/Kamae do antebraço esquerdo na horizontal

4 *Migi zenwan migi sokumen gedan uke*
Hidari shō migi hiji ni soeta mama

Bloqueio do nível inferior para o lado direito com o antebraço direito/Palma da mão esquerda apoiando-se no cotovelo direito

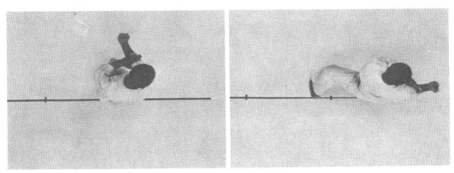

3. Hidari ashi mae kōsa-dachi   4. Kiba-dachi

5 *Ryō hiji suihei ni haru*
Kao hidari muki

Cotovelos abertos horizontalmente/Vire a cabeça para a esquerda. Mova a perna esquerda e os braços simultaneamente.

7 *Hidari zenwan shōmen gedan uke*
Migi shō hidari hiji ni soeru

Bloqueio do nível inferior para a frente com o antebraço esquerdo/Palma da mão direita apoiando-se no cotovelo esquerdo

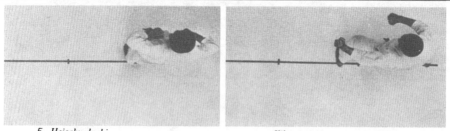

5. *Heisoku-dachi*   6. *Kiba-dachi*

6. Hidari zenwan hidari sokumen chūdan uke / Migi zenwan mune mae suihei kamae

Bloqueio do nível médio para o lado esquerdo com o antebraço esquerdo/Kamae do antebraço direito horizontal

8. Hidari zenwan hidari sokumen gedan uke / Migi shō hidari hiji ni soeta mama

Bloqueio do nível inferior para o lado esquerdo com o antebraço esquerdo/Palma da mão direita apoiando-se no cotovelo esquerdo

7. Migi ashi mae kōsa-dachi   8. Kiba-dachi

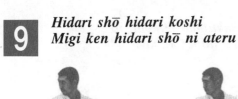

9 *Hidari shō hidari koshi*
Migi ken hidari shō ni ateru

Palma da mão esquerda do lado esquerdo/Punho direito diante da palma da mão esquerda. Dorso da mão esquerda para fora, dorso do punho direito para a frente.

11a *Migi ken migi koshi/*
Hidari shō migi
ken mae ni ateru

11b *Migi empi uchi/*
Hidari shō suigetsu
mae ni tateru

Punho direito no lado direito/Palma da mão esquerda na frente do punho direito

Golpe com o cotovelo direito/Palma da mão esquerda vertical diante do peito

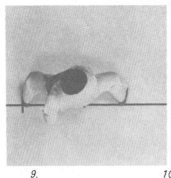
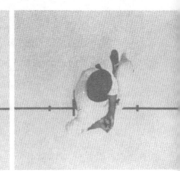

9. 10. 11a.

10 *Migi zenwan migi sokumen chūdan uke*
Hidari shō migi tekubi ni soeru

Bloqueio do nível médio para o lado direito com o antebraço direito/Palma da mão esquerda no pulso direito

12 *Migi shō migi sokumen chūdan tsukami-uke/Kao migi muki*

13 *Hidari ken kagi-zuki*

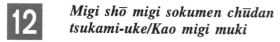 

Bloqueio com agarro do nível médio para o lado direito com o punho direito/Vire a cabeça para a direita

Soco de gancho com o punho esquerdo

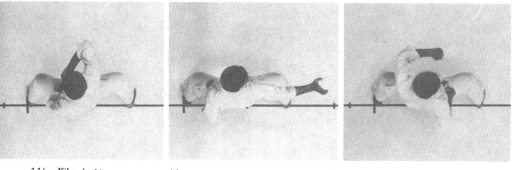

11b. Kiba-dachi *12.* *13.*

115

14 *Hidari ashi mae kōsa-dachi*

15 *Hidari chūdan uchi uke*
Kao shōmen muki

Pé esquerdo na frente, posição de pernas cruzadas

Bloqueio do nível médio esquerdo, de dentro para fora. Vire o rosto para a frente.

17 *Migi shō migi koshi/Hidari ken migi shō ni ateru*
Kao hidari muki

Palma da mão direita do lado direito/Punho esquerdo diante da palma da mão direita/Vire o rosto para a esquerda

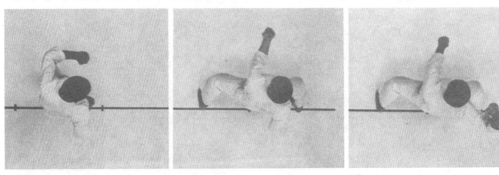

14. Kōsa-dachi   15. Kiba-dachi   16a.

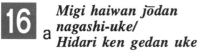 **16a** *Migi haiwan jōdan nagashi-uke/ Hidari ken gedan uke*

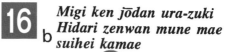 **16b** *Migi ken jōdan ura-zuki Hidari zenwan mune mae suihei kamae*

Bloqueio em arco do nível superior com o dorso do braço direito/Bloqueio para baixo com o punho esquerdo

Soco fechado no nível superior com o punho direito/Kamae do antebraço esquerdo horizontal à frente do peito

18 *Hidari zenwan hidari sokumen chūdan uke Migi shō hidari tekubi ni soeru*

Bloqueio do nível médio para o lado esquerdo com o antebraço esquerdo/Palma da mão direita diante do pulso esquerdo

 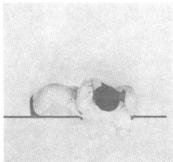 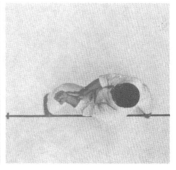

16b.   *17.*   *18.*

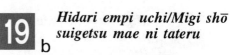

19a *Hidari ken hidari koshi Migi shō hidari ken mae*

19b *Hidari empi uchi/Migi shō suigetsu mae ni tateru*

Punho esquerdo do lado esquerdo/Palma da mão direita diante do punho esquerdo

Golpe com o cotovelo esquerdo/Palma da mão direita verticalmente diante do peito

21 *Migi ken kagi-zuki*

22 *Migi ashi mae kōsa-dachi*

Soco em gancho com o punho direito

Pé direito na frente, posição de pés cruzados

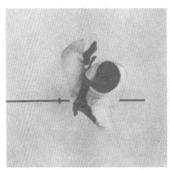
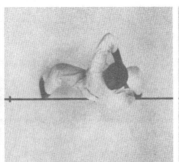
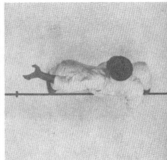

19a.   19b. Kiba-dachi   20.

20 Hidari shō hidari sokumen chūdan tsukami-uke

Bloqueio agarrando o nível médio pelo lado esquerdo com a palma da mão esquerda. Lentamente.

23 Migi chūdan uchi uke

Bloqueio do nível médio direito, de dentro para fora

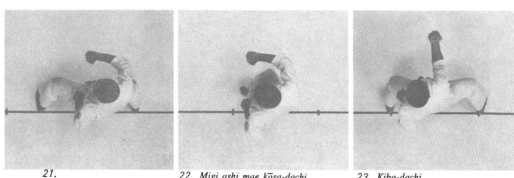

21. 22. Migi ashi mae kōsa-dachi 23. Kiba-dachi

24a Hidari haiwan jōdan nagashi-uke/ Migi gedan uke

24b Hidari ken jōdan ura-zuki/ Migi zenwan mune mae suihei kamae

Bloqueio em arco do nível superior com o dorso do braço esquerdo/Bloqueio do nível inferior direito

Soco fechado no nível superior com o punho esquerdo. Kamae do antebraço direito horizontal

Yame

Afaste calmamente a perna direita para retornar à posição *shizen-tai*.

  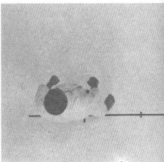

24a.   24b.   Shizen-tai

TEKKI 2: PONTOS IMPORTANTES

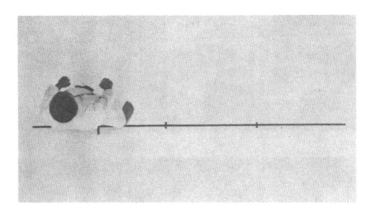

Com esse kata, domina-se a diferença entre o bloqueio agarrando do nível médio (*tsukami-uke*) e o bloqueio em gancho (*kake-uke*).
Vinte e quatro movimentos. Cerca de cinqüenta segundos.

1

1. Movimentos 1 e 2: Levante os antebraços diante da cabeça com a sensação de dobrar junto os ombros. Bloqueie vigorosamente para a direita com o cotovelo dobrado.

2. No bloqueio do nível inferior para a frente enquanto se move para o lado, o braço direito tem que ser levado para baixo, ao mesmo tempo que o pé esquerdo é levado para diante do pé direito. O movimento do pé é lento e suave, enquanto o movimento do braço é vigoroso.

3. Golpe com o cotovelo para a frente (movimentos 10-11): Para ser eficiente, as mãos têm de ir para o lado ao mesmo tempo que o joelho é levantado e o golpe é dado enquanto abaixa a perna. A parte superior do corpo vira, mas os quadris e as pernas devem permanecer voltados para a frente durante todo o movimento.

4. Ao contrário da mão em espada e da leve "elevação" do pulso do bloqueio em gancho (ver Vol. I, pág. 61), abra o polegar e gire o braço num semicírculo para o bloqueio agarrando, dobrando levemente o cotovelo na fase final. Comprima as axilas enquanto atrai o adversário na sua direção.

8
TEKKI 3

1 *Hidari chūdan uchi uke*
Migi ken migi koshi

Bloqueio do nível médio esquerdo, de dentro para fora/Punho direito do lado direito

3 *Migi zenwan chūdan barai*
Hidari zenwan mune mae suihei kamae

Bloqueio arrastando do nível médio com o antebraço direito/Kamae do antebraço esquerdo horizontal. Cotovelo direito apoiado no pulso esquerdo.

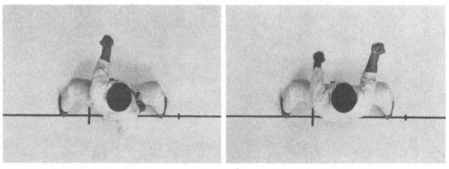

1. Kiba-dachi   2.

2 *Migi chūdan uchi uke*
Hidari gedan uke

Bloqueio do nível médio direito, de dentro para fora/Bloqueio esquerdo para baixo

4 *Migi haiwan jōdan nagashi-uke*
Hidari ude wa sono mama

Bloqueio em arco do nível superior com o dorso do braço direito/Braço esquerdo continua como está

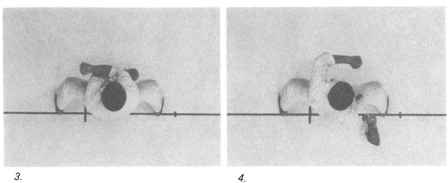

3.   4.

5 *Migi ken jōdan ura-zuki*

Soco curto no nível superior com o punho direito. Leve o cotovelo direito para cima do punho esquerdo.

7 *Migi ken chūdan choku-zuki*
Hidari ude wa sono mama

Soco direto no nível médio com o punho direito/Braço esquerdo continua como está

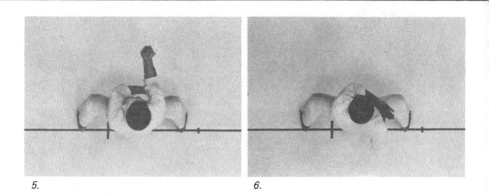

5.   6.

6 *Migi ken migi koshi*
Hidari shō migi ken ue

Punho direito do lado direito/Palma da mão esquerda sobre o punho direito. Dorso do punho direito e palma da mão esquerda para baixo.

8 *Migi zenwan hineri*
Kao migi muki

Gire o antebraço direito/Volte a cabeça para a direita. Nenhuma força no cotovelo direito.

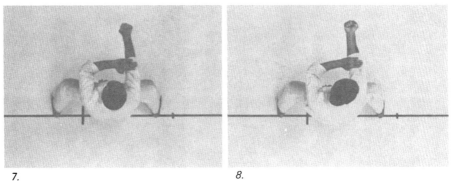

7.   8.

127

9 *Hidari ashi mae kōsa-dachi*
Jōtai sono mama

Pé esquerdo na frente, posição de pés cruzados/Parte superior do corpo na mesma posição anterior

11 *Migi ken migi sokumen gedan furisute*
Hidari shō soeta mama

Giro partindo do nível inferior para o lado direito com o punho direito/Palma da mão esquerda fica como está

9. Hidari ashi mae kōsa-dachi   10. Kiba-dachi

10. *Migi zenwan migi sokumen gedan oshi-uke*
Hidari shō migi hiji ni soeru

Bloqueio pressionando o nível inferior para o lado direito com o antebraço direito/Palma da mão esquerda apoiando-se no cotovelo direito

12. *Migi ken migi koshi-biki*
Hidari shō migi ken ura ue-zoe

Puxar o punho direito para o lado direito/Palma da mão esquerda sobre o punho direito

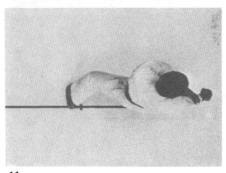
11.

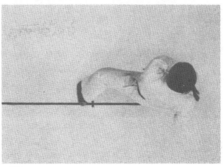
12.

13 *Migi ken chūdan choku-zuki*
Hidari shō sono mama

Soco direto no nível médio com o punho direito/Palma da mão esquerda fica como está. Gire o braço direito enquanto arremete-o para a frente.

15 *Hidari chūdan uchi uke*
Migi gedan uke

Bloqueio do nível médio esquerdo, de dentro para fora/Bloqueio no nível inferior direito

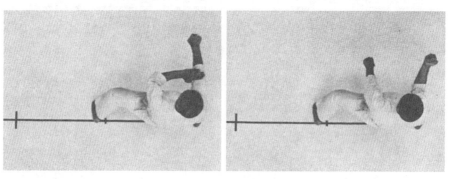

13.   14.

130

14 — *Migi chūdan uchi uke / Hidari gedan uke*

Bloqueio do nível médio direito, de dentro para fora/Bloqueio do nível inferior esquerdo

16 a — *Hidari haiwan jōdan nagashi-uke/Migi ken sono mama*

16 b — *Hidari ken jōdan ura-zuki/Migi zenwan mune mae suihei kamae*

Bloqueio em arco do nível superior com o dorso do braço esquerdo/Punho direito fica como está

Soco fechado no nível superior com o punho esquerdo/Kamae do antebraço direito horizontal

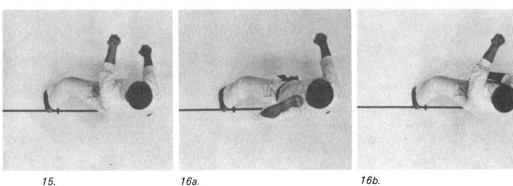

15.   16a.   16b.

17 Kao hidari muki / Jōtai sono mama

18 Migi ashi mae kōsa-dachi / Jōtai sono mama

Vire a cabeça para a esquerda/Parte superior do corpo na mesma posição anterior

Pé direito na frente, posição de pés cruzados. Parte superior do corpo na mesma posição anterior

20 Hidari zenwan chūdan barai / Migi ude wa sono mama

21 Hidari haiwan jōdan nagashi-uke

Bloqueio arrastando nível médio com o antebraço esquerdo. Braço direito fica como está

Bloqueio em arco do nível superior com o dorso do braço esquerdo

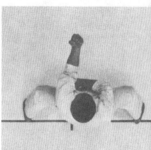

17.

18. Migi ashi mae kōsa-dachi

19. Kiba-dachi

19 *Kao shōmen muki/Hidari fumikomi Jōtai sono mama*

Vire a cabeça para a frente/Chute triturador pela esquerda/Parte superior do corpo na mesma posição anterior

22 *Hidari ken jōdan ura-zuki*

Soco fechado no nível superior com o punho esquerdo

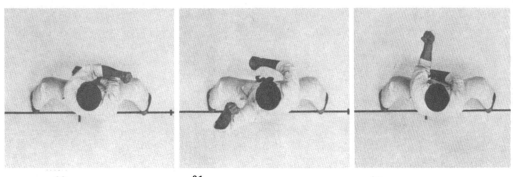

20.   21.   22.

133

23 *Hidari ken hidari koshi / Migi shō hidari ken ue*

24 *Hidari ken chūdan choku-zuki / Migi shō sono mama*

Punho esquerdo do lado esquerdo/Palma da mão direita sobre o punho esquerdo

Soco direto no nível médio com o punho esquerdo/Palma da mão direita fica como está

27 *Hidari zenwan hidari sokumen gedan oshi-uke / Migi shō hidari hiji-zoe*

Bloqueio pressionando o nível inferior para o lado esquerdo com o antebraço esquerdo/Palma da mão direita apoiada no cotovelo esquerdo

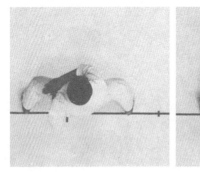

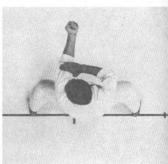

23.   24.   25.

134

25 *Kao hidari muki/Hidari zenwan hineri*

Vire o rosto para a esquerda/Vire o punho esquerdo

26 *Migi ashi mae kōsa-dachi*

Pé direito na frente, posição de pés cruzados

28 *Hidari ken hidari sokumen gedan furisute Migi shō soeta mama*

Giro do nível inferior para o lado esquerdo com o punho esquerdo/Palma da mão direita apoiada no cotovelo esquerdo

 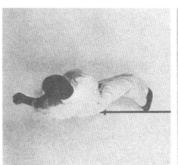 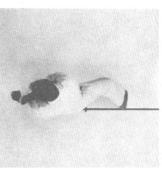

26. *Migi ashi mae kōsa-dachi*   27. *Kiba-dachi*   28.

29 *Hidari ken hidari koshi ni hiku*
Migi shō hidari ken ue-zoe

30 *Hidari ken chūdan choku-zuki*

Puxar o punho esquerdo para o lado esquerdo/
Palma da mão direita sobre o punho esquerdo

Soco direto no nível médio com o punho esquerdo/Palma da mão direita como estó

32 *Hidari ken kagi-zuki*
Migi ken migi koshi

Soco em gancho com o punho esquerdo/Punho direito do lado direito

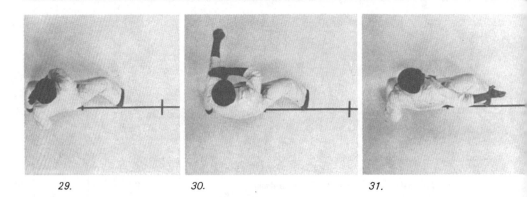

29.   30.   31.

31 *Migi shō migi sokumen chūdan tsukami-uke*
Hidari ken hidari koshi ni hiku

Bloqueio agarrando o nível médio para o lado direito com a palma da mão direita. Afaste o punho esquerdo para o lado esquerdo

33 *Hidari ashi mae kōsa-dachi*
Jōtai sono mama

Pé esquerdo na frente, posição de pés cruzados/Parte superior do corpo na mesma postura anterior

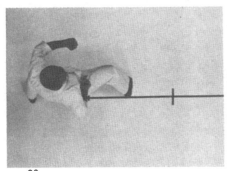

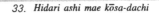

32.   33. *Hidari ashi mae kōsa-dachi*

34 *Hidari chūdan uchi uke/Migi ken sono mama*
Kao shōmen muki

Bloqueio do nível médio esquerdo, de dentro para fora/Punho direito como está/Vire o rosto para a frente

36 *Migi ken jōdan ura-zuki*
Hidari zenwan mune mae suihei kamae

Soco fechado do nível superior com o punho direito/Kamae do antebraço esquerdo horizontal

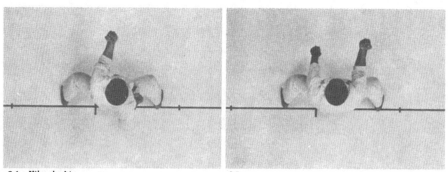

34. Kiba-dachi   35.

35 *Migi chūdan uchi uke / Hidari gedan uke*

Bloqueio do nível médio direito, de dentro para fora/Bloqueio do nível inferior esquerdo

Yame

Aproxime a perna direita e retorne calmamente a *shizen-tai* (postura natural).

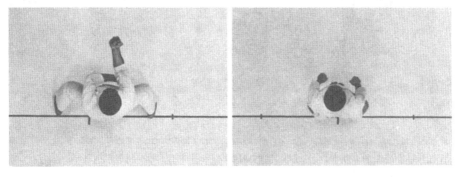

36.   *Shizen-tai*

TEKKI 3: PONTOS IMPORTANTES

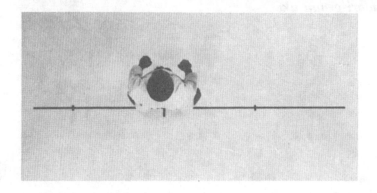

O domínio da rápida regulagem do tempo é necessário para os bloqueios alternados. Domine as posturas do cavaleiro e de pés cruzados.
Trinta e seis movimentos. Cerca de cinqüenta segundos.

1

1. Com exceção da postura, os bloqueios alternados dos níveis médios e inferior são os mesmos do Heian 3. Bloquear no movimento 3 é como golpear para a esquerda.

2

2. No giro para baixo (movimento 11), o braço é levado de volta para a mesma posição, mas com o dorso da mão para cima. Não deixe o torso sacudir-se.

GLOSSÁRIO

Os algarismos romanos referem-se a outros volumes desta série: I. Visão Abrangente; II. Fundamentos; III. Kumite 1; IV. Kumite 2.

age-uke: bloqueio para cima, 20, 28, 44; I, 70; II, 90, 118
ashi: pé, perna

choku-zuki: soco direto, 28, 126; I, 66; II, 102; IV, 62.
chūdan: nível médio do tronco
chūdan barai: bloqueio do nível médio arrastando, 124
chūdan uchi: golpe percutente no nível médio do tronco, 94
chūdan uke: bloqueio do nível médio do tronco, 28, 73, 98, 111; I, 59, 96; II, 90, 106
chūdan-zuki: soco direto no nível médio do tronco, 32, 83, 101

dan: nível, graduação, altura, 13

embusen: linha de atuação, 13, 106; I, 94
empi: cotovelo
empi mae uchi: golpe de cotovelo para a frente, 85, 122
empi uchi: golpe com o cotovelo, 67; I, 77
empi ushiro ate: golpe de cotovelo para trás, 58

fumidashi: 58; II, 68
fumikomi: ação de pisar fortemente, 60, 61, 97, 105, 107, 133; II, 60, 68; III, 33
furisute: giro, 128, 141

gedan: nível inferior
gedan barai: bloqueio para baixo, 17, 28, 43, 82, 90, 96, 122; I, 56; II, 106
gedan uke: bloqueio para baixo, 50, 87, 91, 98, 110, 125
gyaku hanmi: posição invertida semivoltada para a frente, 40, 46, 48; II, 24
gyaku-zuki: soco invertivo, 40, 48, 70, 79, 90; I, 68; II, 124; IV, 108

hachinoji-dachi: base natural de alerta — pés afastados, 16; I, 29
haiwan: lado superior do antebraço, dorso do braço
heisoku-dachi: posição informal de atenção — pés unidos, 50, 79, 88, 90, 112; I, 29
hidari: esquerdo/a
hidari ashi-dachi: base da perna esquerda, 35, 67
hiji: cotovelo
hiji uke: bloqueio com o cotovelo, 60, 61, 62
hitai: testa, fronte
hiza age-ate: golpe com o joelho em elevação, 72, 74, 76

ikken hissatsu: matar com um soco, 11

jiku ashi: perna-pivô, 17, 19, 22, 29, 30; II, 60; III, 72, 100
jōdan: nível superior
jōdan uke: bloqueio do nível superior, 46, 68; I, 57; II, 106
jōtai: parte superior do corpo
jūji uke: bloqueio em x, 64, 74, 80, 90; I, 64

kagi-zuki: soco em gancho, 97, 106, 115, 136; I, 71; II, 90
kake-uke: bloqueio enganchando, 83, 90, 95, 121, 122; I, 61
kakiwake uke: bloqueio duplo com efeito separador, 68, 74, 76; I, 64
kamae: posição de guarda, posição de prontidão para a ação, 12, 32, 46, 105; III, 14, 21, 26, 36, 40; IV, 40
kata: ombro
ken: punho
kentsui: punho-martelo, 18; I, 17
kiai: 14

142

kiba-dachi: posição do cavaleiro ou de quem monta a cavalo, 54, 60, 83, 94, 106, 110, 124, 140; I, 32; II, 52
kime: arremate/conclusão; instante do golpe onde toda a energia mental e física se concentram, 11, 61; I, 50; III, 15, 34; IV, 118
kōhō tenkan: direção invertida, 29, 30, 46; II, 72; III, 100
kōkutsu-dachi: posição recuada, 26, 28, 30, 32, 50, 64, 78; I, 31; II, 52; III, 40, 54
kōsa-dachi: posição de pés cruzados, 68, 74, 75, 85, 90, 94, 96, 106, 110, 116, 128, 140; II, 52
koshi: quadril, lado, I, 52; II, 13
koshi no kaiten: rotação dos quadris, 61, 75; II, 16
kumite: disputa, luta, combate, 10, 13; I, 111
kyū: graduação abaixo dos faixas pretas, 13

mae: frente
mae keage: chute ascendente percutente/ explosivo para a frente, 41, 46, 48, 69, 75; I, 86; II, 88; III, 67, 98
mawarikomi: cercar, 29; IV, 98
migi: direito/a
migi ashi-dachi: posição da perna direita, 66
mikazuki-geri: chute crescente, 84, 90; IV, 52, 54
mizu-nagare kamae: postura da "água corrente", 78, 90; I, 104; II, 90; IV, 122
morote kōhō tsuki-age: soco ampliado para trás com balanço, 85
morote uke: bloqueio com os dois braços, um apoiando o outro, 42, 52, 65, 74, 76, 81; I, 64
mune: peito/tórax
musubi-dachi: postura informal de atenção, dedos dos pés para fora, 12; I, 29

nagashi-uke: bloqueio escorregando, varrendo, desviando, 33, 86, 98, 108, 117, 125; I, 62; IV, 82

nami-gaeshi: chute com retorno ondulatório, 99, 107; I, 106
nukite: ponta de lança

oi-zuki: soco direto avançando em perseguição/ de estocada, 16, 28, 55, 62, 69, 83; I, 68; II, 88, 126; III, 34, 136
osae-uke: bloqueio pressionando, 37, 53, 82, 90; I, 62, 64
oshi-uke: bloqueio pressionando, 129

renoji-dachi: postura em L, 85; I, 29
ren-zuki: socos consecutivos, 76; I, 68
ryō: ambos/as

shihon nukite: mão ponta de lança de quatro dedos
shizen-tai: postura natural, 16, 28; I, 28
shō: palma (da mão)
shōmen: frente
shutō: mão em espada
shutō mawashi uchi: golpe circular com a mão em espada, 68; I, 74, 82; II, 130; III, 72, 78, 79, 104, 116
shutō uke: bloqueio com a mão em espada, 26, 28, 36; I, 60; II, 118; IV, 138
sokumen: lado
sokutō: pé em espada
suigetsu: plexo solar, peito/tórax
sun-dome: deter uma técnica, 11

tai-sabaki: 60; II, 76-79; III, 15, 72, 80, 100, 114, 128; IV, 86, 102
tanden: centro de gravidade, 12
tate mawashi hiji uchi: golpe vertical com o cotovelo, 74; I, 24; II, 131; III, 84
tate mawashi-uchi: golpe vertical, 18, 56, 62, 69, 76; I, 75; II, 129
tate-zuki: soco com punho vertical, 37, 53; I, 70
tekubi: pulso
tsukami-uke: bloqueio agarrando, 115, 121, 122, 137
tsuki-age: soco giratório, 58, 62

uchi-komi: golpear, 33, 86

uchi uke: bloqueio, de dentro para fora, 40, 48, 50, 61, 78, 87, 97, 116, 124; I, 59; II, 22
ude: braço
uke-gae: bloqueios alternados, 60, 61, 140
uraken: dorso do punho
uraken-uchi: golpe com o dorso do punho, 46, 47, 60, 75; I, 74, 75; II, 82; III, 76, 80, 106; IV, 108, 112
ura-zuki: soco de perto, de baixo para cima, 98, 108, 117, 126; I, 70; IV, 44
ushiro: atrás

yame: parada/cessação
yoko keage: chute ascendente percutente para o lado, 35, 46, 47, 66; I, 87; II, 135
yoko mawashi-uchi: golpe lateral horizontal, 35, 54, 66, 75; I, 75; II, 129
yoko uchi: golpe de lado/lateral, 55
yoko uke: bloqueio de lado/lateral, 32, 64
yori-ashi: deslizamento dos pés, 60; II, 70; III, 100, 117

zanshin: estado relaxado de alerta, 12; III, 26
zenkutsu-dachi: posição avançada para a frente, 17, 28, 37, 53, 65, 81; I, 30; II, 18, 52
zenwan: antebraço